● 丛书主编 庆振轩

故事里的文学经典

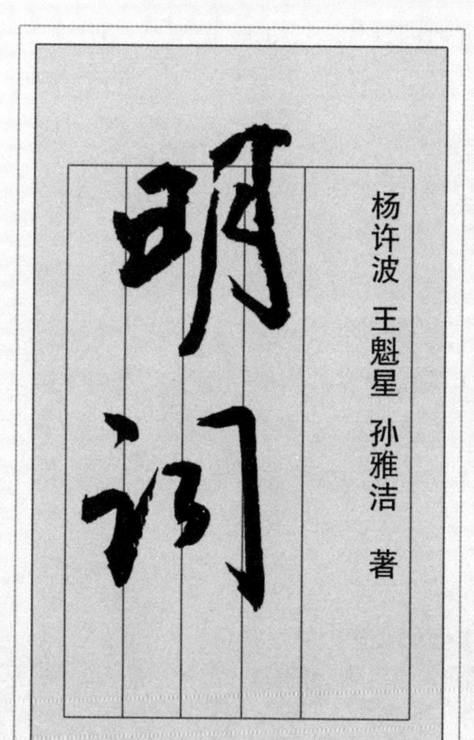

明词

杨许波 王魁星 孙雅洁 著

兰州大学出版社

图书在版编目（CIP）数据

故事里的文学经典. 明词 / 杨许波，王魁星，孙雅洁著. -- 兰州 : 兰州大学出版社，2014.10（2019.9重印）
ISBN 978-7-311-04594-4

Ⅰ. ①故… Ⅱ. ①杨… ②王… ③孙… Ⅲ. ①词（文学）－诗歌欣赏－中国－明代 Ⅳ. ①I206.2

中国版本图书馆CIP数据核字(2014)第246782号

策划编辑 张 仁
责任编辑 张 仁 杨 洁
装帧设计 张友乾

书　　名 故事里的文学经典 明词
作　　者 杨许波 王魁星 孙雅洁 著
出版发行 兰州大学出版社 (地址:兰州市天水南路222号 730000)
电　　话 0931-8912613(总编办公室) 0931-8617156(营销中心)
　　　　 0931-8914298(读者服务部)
网　　址 http://press.lzu.edu.cn
电子信箱 press@lzu.edu.cn
印　　刷 三河市金元印装有限公司
开　　本 710 mm×1020 mm 1/16
印　　张 11.25
字　　数 184千
版　　次 2014年12月第1版
印　　次 2019年9月第3次印刷
书　　号 ISBN 978-7-311-04594-4
定　　价 21.50元

学海无涯乐作舟

——"故事里的文学经典"系列序言

北宋文坛领袖欧阳修曾说：

立身以求学为先，求学以读书为要。

欧阳修是一位政治家、思想家、改革家，也是一位教育家，他认为人生如果要有一番作为，就要努力求学读书。千余年过去，时至今日，立志向学，勤奋读书，教育强国，已经形成社会共识。然而读什么书，如何读书，依然是许多人困惑和思考的问题。

人们常说"开卷有益"，又说"好书不厌百回读"，所谓的好书、有益的书，应该指的是经典作家的经典作品。何谓经典？瑞士作家赫尔曼·黑塞在《获得教养的途径》中认为，经典作品是"我正在重读"，而不是"我正在读"的书。人文学科都有各自的经典作家和经典作品，诸如"哲学经典"、"史学经典"、"文学经典"等等。范仲淹曾经说过："劝学之要，莫尚宗经。宗经则道大，道大则才大，才大则功大。"（《上时相议制举书》）儒家把《诗经》、《尚书》、《仪礼》、《乐经》、《周易》、《春秋》尊为"六经"，文人学士研修经典的目的是为了经世致用，"六经之旨不同，而其道同归于用"。"故深于《易》者长于变，深于《书》者长于治，深于《诗》者长于风，深于《春秋》者长于断，深于《礼》者长于制，深于《乐》者长于性。"（陈舜俞《说用》）范仲淹与其再传弟子陈舜俞都是从造就经邦济世的通才、大才的角度论述儒家经典的。但古人研读经典，由于身份不同、目的不同，取径也不尽相同。郭绍虞在《中国文学批评史》中指出："古文家、道学家和政治家一样的宗经，但是古文家于经中求其文，道学家于经中求其道，而政治家则于经中求其用。"

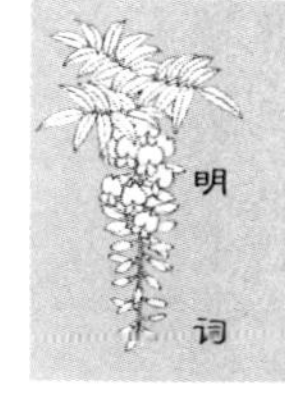

就文学经典而言，文学经典指的是具有深厚的人文意蕴和永恒的艺术价值，为一代又一代读者反复阅读、欣赏、接受和传承，能够体现民族审美风尚和美学精神，具有广阔的阐释空间和当代存在性，能不断与读者对话，并带来新的

发展，让读者在静观默想中充分体现主体价值的典范性权威性文学作品。“经也者，恒久之至道，不刊之鸿论。”（刘勰《文心雕龙·宗经》）

由于经典之作要经历时间和读者的检验，所以经典作家、经典作品经典化的过程会给我们一些有益的启示：读者和作家一起赋予了经典文学的经典含义。即就宋词而言，词体始于隋末唐初，发展于晚唐五代，极盛于两宋。但在宋代，词乃小道，不登大雅之堂，终宋一代，宋词从未取得与诗文同等的地位。欧阳修在《归田录》中曾记载：

> 钱思公（惟演）虽生长富贵，而少所嗜好。在西洛时，尝语僚属言：平生唯好读书，坐则读经史，卧则读小说，上厕则读小词。盖未尝顷刻释卷也。

虽然欧阳修之意在赞扬钱惟演好读书，但言及词则曰“小词”，且小词乃上厕所所读，则其地位可知。即就宋代词坛之大家如苏轼，在被贬黄州时，为避谤避祸，开始大量作词；辛弃疾于痛戒作诗之时从未中断写词的事实，也可略知其中信息。直至后世的读者研究者，越来越感知和发现了词体的独特的魅力——“词之为体，要眇宜修，能言诗之所不能言，而不能尽言诗之所能言。诗之境阔，词之言长”（王国维《人间词话》），才把词坛之苏辛，视如诗坛之李杜，赋予了宋词与唐诗相提并论的地位。

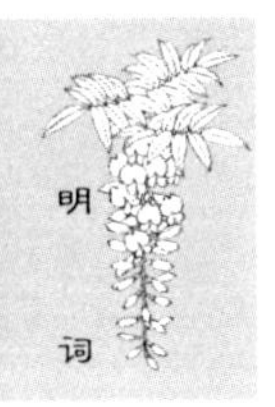

其他文体中如元杂剧之《西厢记》、章回小说之《水浒传》，也曾被封建卫道士视为“诲盗诲淫”之洪水猛兽而遭到禁毁，但名著本身的价值、读者的喜爱和历史的检验，奠定了它们经典之作的地位。

在一些经典作品经典化的过程中，读者甚至参与了经典作品的创作。李白的《静夜思》就是一个典型的个例。从文献学的角度看，宋代刊行的《李太白文集》、《李翰林集》中《静夜思》的原貌为：

床前看月光，疑是地上霜。
举头望山月，低头思故乡。

当代著名学者瞿蜕园、朱金城、安旗、詹瑛所撰编年校注、汇释集评本《李太白集》也全依宋本。但从明代开始，一些唐诗的编选者（读者）开始改变了《静夜思》的字句，形成了流行今日的李白的《静夜思》：

床前明月光，疑是地上霜。
举头望明月，低头思故乡。

所以，经过了历史长河的淘洗和历代无数读者检验而存留至今的中华文明宝库中的经典文学作品，是中华民族精神智慧的结晶。那么，在大力弘扬与传承优秀传统文化的今天，我们应该怎样学习阅读自《诗经》、《楚辞》以来的文学经典？古人的一些经典之作和经典性论述可以为我们借鉴。

横看成岭侧成峰，远近高低各不同。
不识庐山真面目，只缘身在此山中。

这是苏轼在元丰七年四月，自九江往游庐山，在山中游赏十余日之后所写的《题西林壁》诗。一生好为名山游的苏轼，在畅游庐山的过程中，庐山奇秀幽美的胜景，让诗人应接不暇。苏轼于游赏中惊叹、错愕，领略了前所未有的超出想象的陌生的美感。初入庐山，庐山突兀高傲，“青山若无素，偃蹇不相亲。要识庐山面，他年是故人。”移步换景，处处仙境，诗人喜出望外，“自昔忆清赏，初将杳霭间。如今不是梦，真个在庐山！”庐山幽胜美不胜收，于是诗人在《题西林壁》这首由游山而感悟人生的诗作中，寄寓了发人深思的理趣。苏轼之后，人们从不同的角度解读诗作给予人们的启悟。王国维《人间词话》中说：

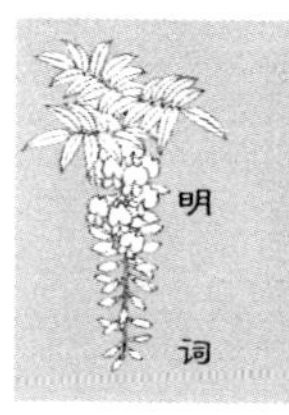

> 诗人对于宇宙人生，须入乎其内，又须出乎其外。入乎其内，故能写之；出乎其外，故能观之。入乎其内，故有生气；出乎其外，故有高致。

而苏轼的《题西林壁》正是诗人对于人生对于庐山既入乎其内，又出乎其外的带有特有的东坡印记的智慧之作。古往今来，向往庐山，畅游庐山的游人难以数计，而神奇的庐山给予游人的感触各有不同，何以如此呢？因为万千游客，虽同游庐山，但经历不同，观赏角度有别，学识高下不一，游赏目的异趣，他们都领略的是各自心目中的庐山，诚所谓“横看成岭侧成峰，远近高低各不同”。也正如钱钟书《谈艺录》中所说："盖任何景物，横侧看皆五光十色；任何情怀，反复说皆千头万绪。非笔墨所易详尽。"所以，换个角度看世界，世界会更加丰富多彩；换个角度看人生，现实人生就会更具魅力；换个角度读经典，你会拥有你自己的经典，经典会更加经典。

千江有水千江月，千江水月各不同。古今中外的许多经典作家正是以独特的眼光观察大千世界，以独到的思维角度思考人生，以生花妙笔写人叙事，绘景抒情，继往开来，推陈出新，创造出一部部永恒的经典。"不畏浮云遮望眼，只缘身在最高层。"经典之所以为经典，其要因之一就是经典作家能够站在时代的制高点上，眼光独到，视点独特，思想深邃，能发前人之所未发。即以被称为"拗相公"的王安石为例，作为勇于改革的政治家，思想深刻的思想家，他的诗、文、词创作都具有鲜明的个性特色。四川大学中文系古典文学教研室选注的《宋文选·前言》中说：

> 王安石的文章大都是表现他的思想见解，为变法的政治斗争服务的，思想进步故识见高超，态度坚决故议论决断。其总的特色是在曲折畅达中气雄词峻。议论文字，无论长篇短说，都结构谨严，析理透辟，概括性强，准确处斩钉截铁，不可移易。

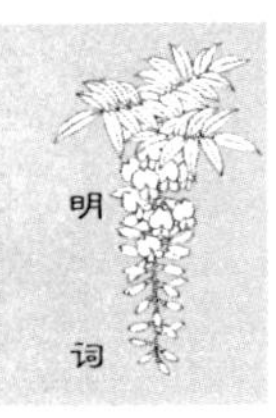

这一段话是评价王安石散文风格的，用来概括他的诗词特色也颇为恰切。王安石由于个性独特，识见高超，所以喜欢做翻案文章。他的这一类作品不是为翻案而翻案，而是确有独到深刻的见解，其《读史》、《商鞅》、《贾生》、《乌江亭》、《明妃曲》均是如此。即以其《贾生》而言，司马迁《史记》有《屈原贾生列传》，对贾谊的同情叹惋之意已在其中。李商隐因自己人生失意，对贾谊抑郁失意更为关注，其《贾生》诗曰：

> 宣室求贤访逐臣，贾生才调更无伦。
> 可怜夜半虚前席，不问苍生问鬼神。

这首咏史诗在切入点的选取上颇为独到，在对贾谊遭际的咏叹抒写之中，蕴含着深沉的政治感慨和人生伤叹，而这种感慨自伤情怀颇能引起后世怀才不遇之士的情感共鸣，给予了高度评价。但王安石评价历史人物的着眼点则跳出了个人人生君臣遇合的得失，立足于是否有用于世有助于时的角度，表达了独特的“遇与不遇”的人生价值观。遇与不遇，不在于官场职位的高低，而在于胸怀谋略是否得以实行，是否于国于民有益：

一时谋议略施行，谁道君王薄贾生。
爵位自高言尽废，古来何啻万公卿。

以人况己，以古喻今，振聋发聩，这样的诗作才当得上“绝大议论，得未曾有”的美誉。无论是回首历史，还是关注现实，抑或是感受人生，往往因作者的视角不同，立场观念有别，而感发不一，所写诗文，各呈异彩。

但是我们在阅读体验中还发现了一些很有趣的现象：读者有时所欣赏的并不是作者的得意之作，而有时候作者所自珍的，读者却有微词。欧阳修《六一诗话》有这样一段文字：

晏元献公文章擅天下，尤善为诗，而多称引后进，一时名士往往出其门。圣俞平生所作诗多矣，然公独爱其两联，云“寒鱼犹著底，白鹭已飞前”，又“絮暖鮆鱼繁，露添莼菜紫”。余尝于圣俞家见公自书手简，再三称赏此二联。余疑而问之，圣俞曰：“此非我之极致，岂公偶自得意于其间乎？”乃知自古文士不独知己难得，而知人亦难也。

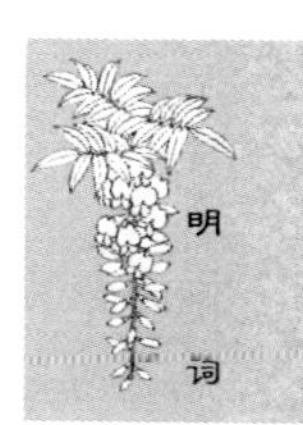

欧阳修这种阅读体验不止一端，刘攽《中山诗话》记载：永叔云：“知圣俞者莫如某，然圣俞平生所自负者，皆某所不好。圣俞所卑下者，皆某所称赏。”于是也感慨知心赏音之难。

正因为知心赏音之难，所以古人强调阅读欣赏应该知人论世。于是了解探究历史，就有“纪事本末”类的系列著述。阅读欣赏诗词，即有《本事诗》、《本事词》、《词林纪事》、《唐诗纪事》、《宋诗纪事》、《明诗纪事》、《清诗纪事》等著作；阅读唐宋散文，也有《全唐文纪事》、《宋文纪事》之类的著述。对于读者而言，这些著述有助于我们由事知史，由事知人，进而由事知诗，由事知词，由事知文；或者说有助于我们加深对相关诗、词、文的深入了解。正是从这个视点出发，出于弘扬传统文化，建设社会主义精神文明的责任感与使命感，兰州大学出版社策划出版“故事里的文学经典”、“故事里的史学经典”、“故事里的哲学经典”（统称为

“换个角度读经典”)系列丛书，同样出于历史使命感，我们愉快地接受了“故事里的文学经典”系列的撰写工作，首批包括《故事里的文学经典之唐五代词》、《故事里的文学经典之唐文》、《故事里的文学经典之宋文》、《故事里的文学经典之北宋诗》、《故事里的文学经典之南宋诗》、《故事里的文学经典之元曲》、《故事里的文学经典之唐诗》、《故事里的文学经典之宋词》。

当凝聚着丛书的策划者和撰著者共同心血的著述即将付梓之际，我们为和兰州大学出版社这次愉快的合作感到由衷的高兴，因为共同的弘扬优秀传统文化的目标，出好书就成为我们共同的意愿，所以撰写以至出版的一些具体问题，就很容易通过沟通达成一致。参与丛书撰写的同仁均长期从事中国古典文学的教学科研工作，怎样让经典文学作品走出大学的讲堂，走向社会，走向千家万户，是我们长期思考的问题；而由学者在一定研究基础上撰写的，面向更为广大的读者群的融学术性的严谨和能给予读者阅读的知识性、愉悦性则是出版社策划者的初衷。合作的愉快也为我们下一步自汉魏至明清诗、词、文部分的写作奠定了良好的基础。

由“本事”或者说由“故事”入手诠解阅读文学经典是我们的共识。

那些与诗、词、文密切相关的“本事”，在古典文学名篇佳作的赏鉴研读中，主要是指与相关作品的创作、传播以及作家的生平遭际有关的“故事”，抑或是趣事逸闻，其本身就是最通俗、最形象吸引读者的“文学评论”，许多流誉后世的名篇佳作，几乎都伴随有引人入胜的“故事”或传说。这些故事或发生于作家写作之前，是为触发其写作的契机，所谓“感于哀乐，缘事而发”；或是出于一种自觉的责任感使命感，“文章合为时而著，歌诗合为事而作”。而有些诗文本身就在讲故事，史传文学本身就与后世小说特别是传奇小说有千丝万缕的联系，所以唐宋散文中的一些纪传体散文名篇诸如《张中丞传后叙》、《段太尉逸事状》、《杨烈妇传》、《唐河店妪传》、《姚平仲小传》等颇具小说笔法。即如范仲淹之《岳阳楼记》，王庭震《古文集成》中也记述说：

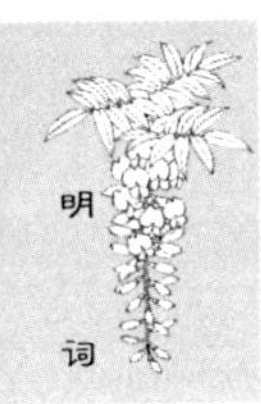

> 《后山诗话》云：“文正为《岳阳楼记》，用对语说时景，世以为奇。尹师鲁读之，曰：‘传奇’体耳！”《传奇》，唐裴铏所著小说也。

有些诗歌也是感人的叙事诗，在很多读者那里了解的苏小妹的故事，只是民间的传说，得之于话本小说《苏小妹三难新郎》、近年新编的影视作品《鹊桥仙》等。人们出于良好的心理愿望，去观看欣赏苏小妹和秦观的所谓爱情佳话，让聪明贤惠的苏小妹和苏轼最得意的门生秦观在虚构的小说、戏曲、影视作品中成就美好姻缘，而不去考虑受虐病逝于皇祐四年(1052)的苏洵最小的女儿、苏轼的姐姐八娘，和出生在皇祐元年(1049)的秦观结为秦晋之好是根本不可能的！而苏洵的《自尤》诗即以泣血之情记述了爱女所嫁非人，被虐致死的锥心之痛。但长期以来，由于资料的散佚，一些研究苏轼的专家对此亦语焉不详，台湾学者李一冰所著《苏东坡新传》即曰：

苏洵痛失爱女，怨愤不平，作《自尤》诗以哀其女(今已不传)。

我们依据曾枣庄先生《嘉祐集笺注》收录了《自尤》诗并叙，并未多加诠释，因为诗作本身就为我们含悲带愤地讲述了一个凄惨的八娘的短暂的一生的悲剧故事。苏小妹不是一个传说！

当然，也有一些故事发生在诗作传播之后，如《舆地广记》和《艇斋诗话》都记载，苏轼“为报先生春睡美，道人轻打五更钟”传到京城，章惇认为东坡生活快活安稳，于是又把诗人贬到海南。但是不论诗人是直书其事，还是借史言事，是因事论事，还是即事兴感，与诗作相关与诗人遭际相关的故事，都有助于我们对经典诗文在知人论世的基础上去读解诠释。

在“换个角度读经典”系列丛书之“故事里的文学经典”(第一批)将要出版发行之际，我们对兰州大学出版社的张仁先生、张映春女士为之付出的大量心血和兢兢业业一丝不苟的敬业精神表示由衷的感佩；对兰州大学文学院党政领导班子，特别是张炳成同志对于丛书的写作出版自始至终的关注支持深表感谢。同时，由于切入角度不同，对于相关诗、词、曲、文名篇的诠解也仅是我们的一得之见，所以我们热望广大读者多提宝贵意见，书山有路勤为径，学海无涯乐作舟，愿读者诸君和我们一起愉快阅读经典的同时，换个角度，读出我们各自心目当中的经典。

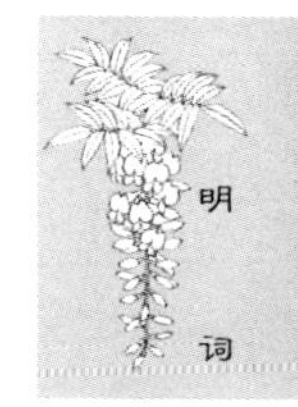

庆振轩

二〇一三年八月于兰州

前　言

世人言及古代文体多会脱口而出“诗词歌赋”，词为其一。词体从中唐出现之后，经晚唐五代温庭筠、韦庄、李煜等人发展，在宋代达到鼎盛。王国维先生《宋元戏曲史·自序》言道，“凡一代有一代之文学：楚之骚，汉之赋，六代之骈语，唐之诗，宋之词，元之曲，皆所谓一代之文学，而后世莫能继焉者也”，宋词被推为“一代之文学”。但词体在宋代之后并未衰绝，而是绵延千年，经久不衰，不同时期涌现出大量的名家名作。仅就明代来看，词作者有一千三百余家，现存词作二万余首，其数量与宋代相比毫不逊色，并且涌现出刘基、高启、杨基、陈铎、杨慎、王世贞、陈子龙、夏完淳等名家，部分作品达到较高水准。同时在明词发展过程中，还出现了许多新变，如曲化、台阁体、禁体词等。然而与宋词、清词相比，明词历来不被人所重。甚至有些经典如“滚滚长江东逝水，浪花淘尽英雄”（《临江仙》），虽然几近家喻户晓，却很少有人知道是明代杨慎所作。鉴于此，本书选择明词作为对象，希望带广大读者进入较为陌生的明代词坛，去发现经典、重读经典。

秉承“故事里的文学经典”丛书的宗旨，本书侧重点不在词作本身的解读分析，而更重视其产生的本事及历史文化背景，我们试图通过本书的一个个故事来展现明代兴亡变迁的历史风貌。同时本书又不同于一般的历史故事、民间故事之类的书籍，我们所读的是文学经典，必须以作品为核心，通过所选作品展现明词经典并勾勒明词的发展脉络。

全书共四十九篇，按照内在逻辑分为六个版块：第一版块为国家兴衰、写时寄情，侧重于反映明代重大历史事件的词作；第二版块为宦海浮沉、咏怀抒志，侧重于抒写明代士人仕途遭际及感慨的词作；第三版块为名家佳作、词史嬗演，侧重于明词名家的作品及其事迹；第四版块为文坛逸事、词体新变，侧重于明词发展过程中出现的一些有趣的现象；第五版块为爱情因缘、相思离别，侧重于明词中抒写爱情婚姻的词作；第六版块为巾帼词人、兰心蕙质，侧重于明代女词人的词作。每一版块按照词人的时代顺序排列，选择作品与故事进行叙述与分析，试图从剖面切入，散点透视，同时又力求观滴水而知沧海，将所有的篇目组合起来，全景、宏观地展现大明王朝的多个侧面。

本书是与郑州师范学院王魁星老师、兰州大学文学院孙雅洁同学共同完成的，在撰写思路、版块设计、篇目拟选达成共识后，三人分头撰写，最后由我统稿。希望通过本书能带读者一起欣赏绚烂璀璨的明代词作、了解兴亡变迁的明代历史、感受丰富多彩的生活场景、进入士人才女的心灵世界。换个角度，领略不一样的经典。

杨许波

2013年9月

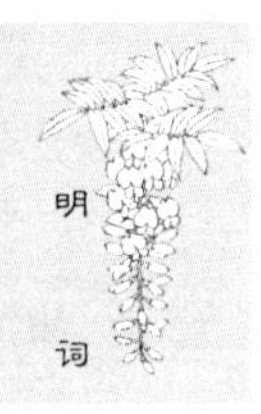

目　录

国家兴衰　写时寄情

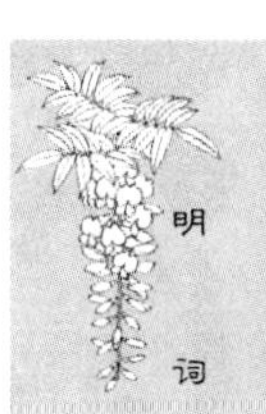

宦海浮沉　咏怀抒志

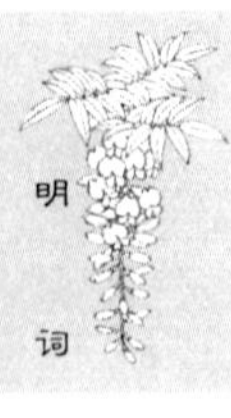

名家佳作　词史嬗演

文坛逸事　词体新变

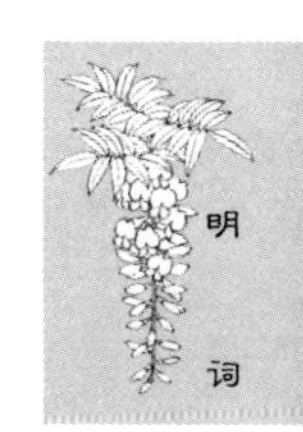

爱情因缘 相思离别

巾帼词人 兰心蕙质

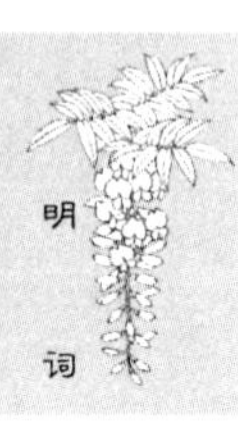

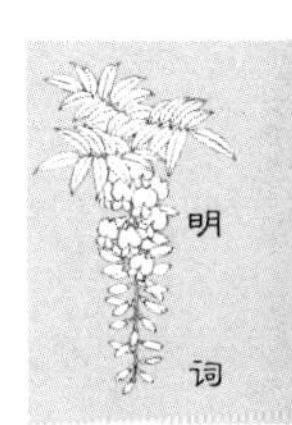
明
词

国家兴衰　写时寄情

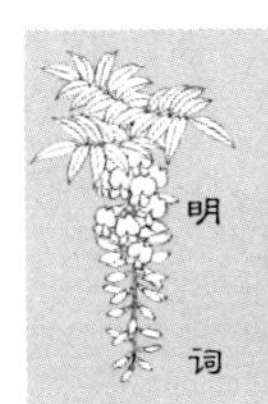

国家兴亡，匹夫有责。明代词人同样不例外，纵观大明王朝二百七十六年时间，重大事件在词中均有反映。他们或隐或仕，或显贵或潦倒，但爱国之心始终不变。他们在词中抒发拯世济民之心、寄托胸怀天下之志，他们在词中歌颂英雄、批判奸臣，他们在词中抒写对时局的忧虑之情、对国家的关切之心。让我们跟随他们的作品，走进明朝开国定鼎、靖难之役、土木堡之战、宁王之乱等风起云涌的历史。

满地蓬蒿无旧陌，战场开尽是何年

——刘基的《浣溪沙》

刘基(1311—1375)，字伯温，号犁眉，处州青田(今属浙江省)人，故称刘青田，元末明初著名的军事家、政治家、文学家，明朝开国元勋，明洪武三年(1370)封诚意伯。刘基出生于元武宗至大四年(1311)，小时候天资卓颖，聪慧过人，老师郑复初对他的父亲刘爚说："您祖上德行深厚，这个孩子必定会光大您家门庭。"元顺帝元统元年(1333)，二十三岁的刘基不负众望，进士及第。但当时是元朝末代皇帝元顺帝统治时期，政治黑暗，刘基四次出仕又四次辞官，空有杰出的政治才能却无用武之地。

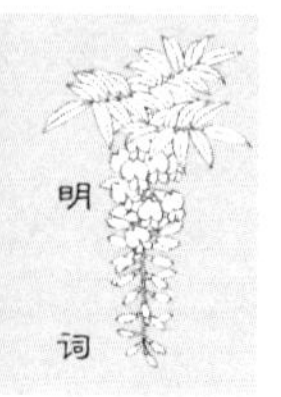

刘 基

元朝末年，社会动荡不安，百姓生活困苦，政府实施的阶级压迫与经济掠夺政策更使广大汉族民众民不聊生，怨声载道。至正八年(1348)，浙江东部盐商方国珍起义。至正十一年(1351)，元政府征发十五万民夫修黄河，直接导致了韩山童、刘福通的红巾军起义，此后徐寿辉、郭子兴、张士诚等纷纷在各地揭竿而起。一时之间，全国各地风起云涌，义军蜂起。刘基亲眼看见了元末朝政腐败、战火连天的社会现实和百姓家破人亡、流离失所、背井离乡、朝不保夕的艰辛生活，写下了大量忧国忧民的词篇，如《浣溪沙》：

布谷催耕最可怜，声声只在绿杨边，夕阳江上雨余天。 满地蓬蒿无旧陌，几家桑柘有新烟。战场开尽是何年？

昔日华实蔽野、黍稷盈畴的田园早已杂草丛生，昔日男耕女织、怡然自乐的农村早已蓬蒿满地，词人不禁在感叹这样的战争什么时候才能结束？明代叶蕃在给刘基词集《定情集》作的序中称其词为“写其忧世拯民之心”，实为确论。在另一首《八六子·晚思》中，词人这样写道：

到黄昏，悄无情绪，凄凉又掩重门。盼草际残阳易尽，云中征雁难凭，漫劳梦魂。渊明三径犹存，白鹤不归华表，乌鸦自满荒村。　念过眼芳菲，总埋泥土，纵然回首，可堪凝睇。伤心处处蓬蒿废井，时时烟雨啼猿。更何言，苍苔渐深泪痕。

刘基举目四望，唯见田园荒落、蒿莱满目、猿声凄厉、乌鸦鼓噪、生民寥寥、鸡犬无声的景象，真是“望中原，杳漫漫，白苇青蒿”（《江神子》）。这首词中，刘基提到了东晋著名作家陶渊明。“三径犹存”是用汉代蒋诩的典故，据《三辅决录》记载：蒋诩辞官回到故里之后，闭门不出，屋外荆棘丛生，只留三条小路，与求仲、羊仲两位隐士来往，后人遂以“三径”代指隐士所居。陶渊明《归去来兮辞》“三径就荒，松菊犹存”曾用这个典故。陶渊明时官时隐的经历和刘基很像，所以他经常在词中以陶渊明自比，但与最后不为五斗米折腰、辞官归去、隐士终老的陶渊明不同，被当时人比为诸葛亮的刘基有着更多彩的政治生涯等着他去开启。

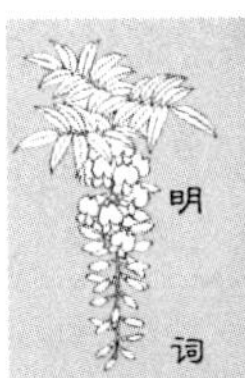

鸡鸣风雨潇潇，侧身天地无刘表

——刘基的《水龙吟》

刘基是一位充满传奇色彩的历史人物，他不但博通经史、无书不窥，而且精通阴阳术数、天文地理，更以神机妙算、运筹帷幄著称于世。西蜀赵天泽评论江左人物，把刘基排在首位，认为他是三国时诸葛亮那样的人，后世也广泛流传着“三分天下诸葛亮，一统江山刘伯温”“前朝军师诸葛亮，后朝军师刘伯温”的说法。提起诸葛亮，那是无人不知、无人不晓，大家都知道他辅佐刘备建立了蜀国，但是智谋无双的诸葛亮在遇到刘备之前也只能躬耕隆中，直到刘备三顾茅庐，才出山建立不世之勋。刘基在遇到朱元璋之前，四次出仕却又四次辞官，壮志难伸、郁愤不平之情时时流露在词作中，《水龙吟》就是比较有代表性的一首：

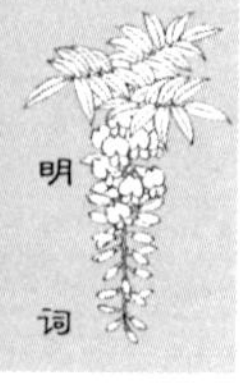

鸡鸣风雨潇潇，侧身天地无刘表。啼鹃迸泪，落花飘恨，断魂飞绕。月暗云霄，星沉烟水，角声清袅。问登楼王粲，镜中白发，今宵又添多少？　极目乡关何处，渺青山髻螺低小。几回好梦，随风归去，被渠遮了。宝瑟弦僵，玉笙簧冷，冥鸿天杪。但侵阶莎草，满庭绿树，不知昏晓。

明代陈霆在他的《渚山堂词话》里面认为这首词是刘基未遇时，避难江湖间所作。“风雨潇潇”“不知昏晓”，是有感于时代的昏浊，而世无刘表、“登楼王粲”，是自伤身世。王粲是“建安七子”之首，生活在东汉末年，出身名门，博闻强记，才华出众，有过目不忘之才，小的时候就受到当时文坛领袖蔡邕的赏识，因而闻名遐迩。后来因为董卓之乱，王粲离开长安到荆州刘表那里避难。在荆州，王粲写下了他最著名的文学作品《登楼赋》，赋里作者登楼北望，触景生情，反映了对家乡的思念、对时局混乱的忧虑和郁郁不得志的感慨。刘基常常在词里把自己比作登楼的王粲，比如《玲珑四犯》“沧波滚滚东流去，问谁是、登楼王粲？”

《苏幕遮》"忽忆登楼怀土赋，愁著心头，泪落如零雨。"自比为王粲同样反映了刘基胸怀大志，但却没有人赏识的郁愤苦闷。清代的徐釚、王奕清都认为刘基这首《水龙吟》激荡感慨，"择木之意见矣"。良禽择木而栖，贤臣择主而事。刘基在词中以王粲自比感叹不遇的同时，也在期望着能遇到一个赏识自己的人，而这个人在不久之后就出现了。

明太祖朱元璋自元顺帝至正十二年(1352)参加郭子兴起义军之后，作战勇敢，智略出众，深受郭子兴赏识，并娶了郭子兴的义女马氏为妻。朱元璋在红巾军中如鱼得水，发挥出了越来越大的作用。但后来，朱元璋发现郭子兴懦弱而不明事理，难以成就大业，就带领心腹徐达、汤和、吴良、吴祯、花云等二十余人离开郭子兴，开始发展壮大自己的队伍。不久，朱元璋手下已经有了一支三万余人的军队，并陆续收服了将领冯国用、冯国胜和谋士李善长。朱元璋的部队军纪严明，战斗力强，在攻克滁州后，受人排挤的郭子兴也来到了滁州，朱元璋立即交出兵权。在攻克了和州后，郭子兴十分高兴，升朱元璋为总管。郭子兴病死后，朱元璋成了这支起义军的领袖。至正十六年(1356)，朱元璋攻克了应天(今江苏南京)，开始巩固根据地，逐步向外扩大势力。

刘 基

至正十九年(1359)，朱元璋的部将胡大海镇守宁越府，经过多方访求，得知这一带有四位贤士，后派孙炎前去邀请，其他三人都答应受聘，只有刘基婉言谢绝，经过孙炎的再三相邀才答应。到了应天之后，刘基为朱元璋详细分析了当时群雄逐鹿的形势，陈述了有关当时时务的十八条策略，朱元璋深为赞许，便任命刘基为参谋。从此之后，刘基成了朱元璋的主要谋士，开始辅佐朱元璋成就大业。

刘基针对当时形势，提出要避免两线作战，应该各个击破，被朱元璋采纳。朱元璋询问征讨攻取的计策，刘基说："张士诚是个自守的家伙，不足担心。陈友谅劫持他们的首领胁迫部下，他的汉王的名号也不正，地盘处于长江上游，他的心里没有一天忘了我们，应该先谋划攻击他。陈氏灭亡后，张氏势力孤单，出兵就可平定。然后向北方中原进兵，帝王大业可以成功。"朱元璋听了之后十

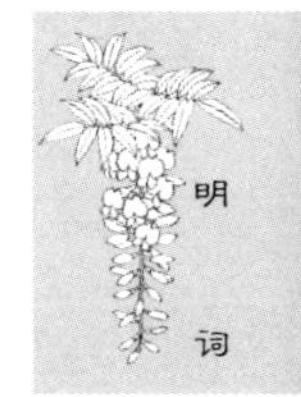

明太祖朱元璋

分高兴,说:“先生有妙计,不要吝惜,都讲出来。”正巧这时陈友谅攻下太平(今安徽省马鞍山、芜湖辖境),计划沿江东下,声势十分嚣张,朱元璋手下的将领们有的提议投降,有的建议逃跑去占据钟山,只有刘基瞪着眼不说话。朱元璋于是召他入内,刘基奋然说道:“主张投降和逃跑的人,都应该砍头。”朱元璋就问:“那依照先生的意思,应该怎么办?”刘基说:“陈氏贼军已经是骄兵,等他们深入之后,设埋伏击败他们,易如反掌。按照天理,后行动者得胜,夺取威势,制服敌人,以成帝王大业,成败在此一举。”朱元璋采用了刘基的计策,诱敌深入,大破陈友谅军。最后论功行赏,刘基居功至伟,朱元璋厚赏,刘基推辞不肯接受。

在未来的八年中,刘基辅佐朱元璋集中兵力先后消灭了陈友谅、张士诚等势力。1368年,朱元璋称帝应天,建立明朝。此后几年,刘基继续辅佐朱元璋,参与制定灭元方略,并最终成功。年近六十的刘基终于实现了自己的雄心壮志,成了大明王朝的开国功勋。

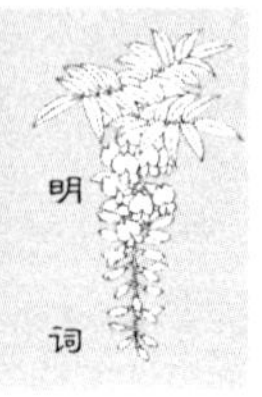

夜来尽把花吹落，江山满眼今非昨

——刘基的《醉落魄》

明朝建国后，百废待兴，刘基为了新王朝的正常运转、繁荣昌盛，宵衣旰食，殚精竭虑。这本应该是刘基志得意满、大展宏图的时期，但事情似乎并没有向那个方向发展下去。建国之初，朱元璋的确能礼贤致能，励精图治，帝国上下一片欣欣向荣。但不久，因害怕大权旁落，与朱元璋出生入死、浴血奋战一起打下江山的开国功勋们纷纷成了防范猜忌的对象。古语有云“狡兔死，走狗烹；飞鸟尽，良弓藏”，狡兔死了，猎狗就没有用了，飞鸟死了，良弓就没有用了。辅佐汉高祖建立汉朝的韩信在被处死前也发出了这样的感叹。同样的历史悲剧在明朝正悄悄上演。开国元勋被想象成觊觎帝位的谋逆者而动辄得咎，而胡惟庸等人结党营私、恣意妄为，朝廷成了最容易招致祸端的场所。刘基再度陷入痛苦和失望之中，这种情绪在他的词里面时有反映，如《醉落魄》：

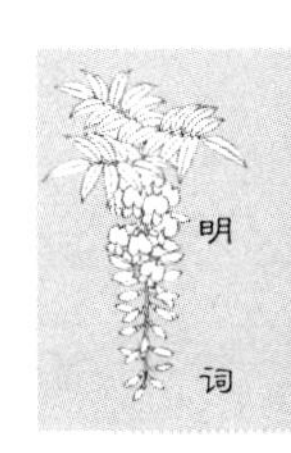

东风太恶，夜来尽把花吹落。余寒燕子乌衣薄，对语空梁，似叹人离索。　江山满眼今非昨，无情芳草年年绿，雾云不见辽东鹤。野鸟声声，只叫思归乐。

春天，本来应该春暖花开，风和日丽，但是在刘基的眼中却是春寒料峭，春风肆虐，“夜来尽把花吹落”，这是个什么样的春天？刘基感叹“江山满眼今非昨”，世事的变化出乎他的意料，朱元璋暴虐多疑、胡惟庸骄横跋扈，词中野鸟啼叫的思归乐正是他的想法，何不急流勇退，回家乡安享天伦之乐。然而最终他的想法没能实现。这一切还要从刘基和李善长的矛盾说起。

朱元璋巡幸汴梁时，刘基与左丞相李善长一起留守京城。刘基认为宋、元两代都是因为过于宽纵而失天下，所以现在应该整肃纲纪，于是便下令御史纠察弹劾，不要有任何顾忌，皇宫值宿人员及宦官侍从中有过错的，一律奏明皇太子依法惩治，因此人人都畏惧刘基的威严。中书省都事李彬因贪图私利、纵容下属而被治罪，李善长一向私宠李彬，请求从宽发落，刘基不听，并派人骑马速报朱元璋，得到批准。当时刘基正在设坛祈雨，得到皇帝的谕令就将李彬斩首。因为这件事，刘基与李善长开始不和。朱元璋回到都城后，李善长便向太祖告状，说刘基在求雨的祭坛下杀人，是不敬天。那些平时怨恨刘基的人也纷纷诬陷他。当时正逢天旱，朱元璋要求诸臣发表意见，刘基上奏说："士卒已经战死的，他们的妻子都在其他营居住，共有数万人，致使阴气郁结。工匠死后，尸体骸骨暴露在野外。将投降的吴军将吏都编入军户，便足以协调阴阳之气。"朱元璋采纳了刘基的意见。但十天过后仍未下雨，朱元璋因而非常生气。此时恰好刘基的妻子死了，所以刘基请求告老还乡。这次斗争以李善长胜利而告终。

刘基和李善长的矛盾既是个人之间的斗争，同时也是朝中浙东和淮西两大集团的斗争。古人很重同乡关系，淮西集团是跟着朱元璋起义的班底，主要成员有李善长、郭兴、郭英、汤和、周德兴、已死的常遇春等人，人多势众。朱元璋是个乡土观念很重的人，所以淮西集团在朝中势力最为庞大。除此之外，朝中比较有势力的就是浙东集团，首领是刘基。刘基辞官回家后，同为浙东集团的杨宪任御史中丞。杨宪利用言官的力量不断收集李善长的把柄，多次向朱元璋密奏。时间长了，听得次数多了，朱元璋慢慢也对李善长有了看法，对他有所提防。这年十一月，朱元璋召回刘基，委以重任，并追赠刘基的祖、父为永嘉郡公。李善长不甘心失败，于是扶持他的老乡胡惟庸作为淮西集团新的领袖，继续对抗刘基为首的浙东集团。

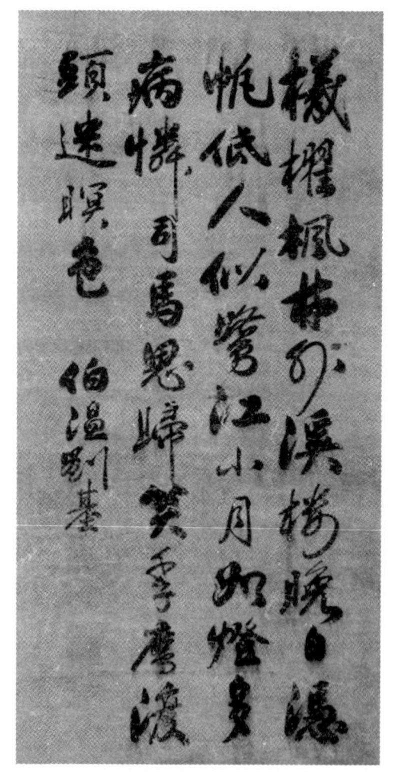

刘基行书

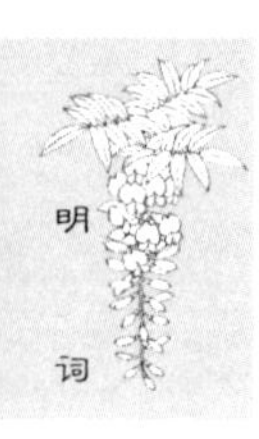

在这场斗争中，朱元璋和刘基的一次对话起到了关键性的作用。朱元璋想要任命杨宪为宰相，当面征求刘基的意见，刘基回答说："杨宪有宰相的才能却没有宰相的器量。宰相应该心胸宽广，公平如水，以义理作为权衡事情的标准，不能掺杂私心杂念。杨宪不是这样。”朱元璋接着问：“汪广洋如何？”刘基回答：“这个人狭隘浅薄，恐怕比杨宪还差。”朱元璋又问胡惟庸怎么样，刘基说：“丞相好比驾车的马，就怕他弄翻了车子。”朱元璋于是说道：“我的丞相，确实只有先生最合适了。”刘基谢绝说：“我太疾恶如仇了，又不耐烦处理繁杂事务，如果勉强承担这一重任，恐怕要辜负皇上委托。天下之大，不怕没有有才能的人，只要皇上尽心寻求。不过眼前这几个人确实不适合担任丞相之职。”刘基最后这番话说得非常不合适，自居丞相之才，目空一切，自大自傲，而且还说出所谓疾恶如仇的话，如刘基所说，谁是恶呢？从这次谈话之后，刘基逐渐被朱元璋冷落。

洪武三年（1370），朱元璋大封功臣。李善长、徐达、常茂、李文忠、冯胜、邓愈被封为公爵，自命有为相之才的刘基仅被封为诚意伯，这与他打江山时立下的汗马功劳相比，是远远不匹配的。而且他的俸禄只有二百四十石，是所有伯爵中最低的，封为公爵的李善长俸禄是四千石，是刘基的十几倍。不久之后，朱元璋亲自下书让刘基告老还乡。浙东集团的另一干将杨宪，在失去刘基的支持后孤木难支，很快被胡惟庸找个借口杀掉。然而这一切还没有结束。

刘基回到老家之后，闭门谢客，终日以饮酒弈棋为乐。虽然他如此韬光养晦，最终还是不得善终。刘基为官时，曾经建言说温州和括苍山之间有一片荒地叫谈洋，南边与福建接壤，是盐盗聚集的地方，请求设立巡检司驻守。正好这时谈洋有逃军反叛，地方官隐而不报。刘基让长子刘琏没有经过中书省而直接向朱元璋报告了这件事。掌管中书省的胡惟庸为报前仇，教唆手下人诬告刘基说：“谈洋这块地方有王气，刘基想在那里建造坟墓，当地民众不愿意，就请立巡检司来驱赶反对他的人。”朱元璋虽然没有加罪刘基，但下令削夺了他的俸禄。刘基闻讯十分恐惧，急忙进京朝拜朱元璋，不敢争辩，只是引咎自责，也不敢回乡。不久，刘基染病，朱元璋派胡惟庸带药去探望刘基。刘基吃了药后，觉得有块拳头大的硬块堵住胸口。几个月后，病情加重。洪武八年（1375）三月下旬，已经无法自由活动的刘基，由长子刘琏陪伴，在朱元璋的特遣人员护送下，自京师动身返回家乡浙江青田。四月十六日，这位明代的开国元勋走完了传奇的一生。

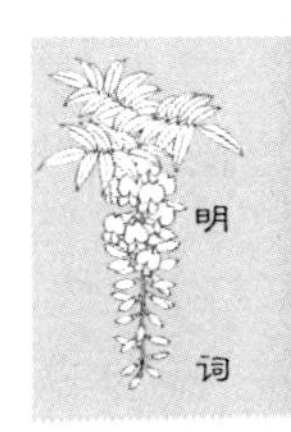

可恨狂风寒卷地，绛英零落素姿坠

——王直的《青玉案》

王直（1379—1462），字行俭，号抑庵，江西泰和人，从小端庄稳重，家境贫寒，但勤奋读书。永乐二年（1404），26岁的王直考中进士，成祖朱棣喜欢他的文章，就征招入内阁，起草诏诰，不久被授为修撰。王直在翰林院二十多年，朝廷考察古事、草拟诏书、编写纂集、记载注录这些，大多出自他的手笔。王直和金溪王英齐名，人们称为“二王”，按居住地称王直为“东王”，王英为“西王”。王直脸颊方正，胡须修长，仪表雄伟，性格严肃庄重，不苟言笑，但和别人交往时，却恭敬温和。官至礼部与吏部尚书，代宗即位后加太子太保，进少傅，又进太师。天顺六年（1462）在家病逝，享年84岁，赠太保，谥文端。著有《抑庵集》《抑庵后集》。

王直的词较为直白，不够含蓄蕴藉，但是与同时的台阁体、打油体等词相比，则颇有情致，如《青玉案》二首：

东园烂漫开桃李，已过了，春之二。可恨狂风寒卷地。绛英零落，素姿飘坠，满眼成憔悴。　我来欲就花前醉，美酒千钟不辞费。太息秾华能有几？半沾尘土，半随流水，惹动伤春意。

《青玉案·惜花》

青春已过三之二，还不见，桃和李。日日狂风吹客袂。九门鸣毂，六街游骑，但见芳尘起。　韶华一去留无计，回首乡园八千里。借问人生能有几？玉觞琼液，玳簪珠履，不惜千金醉。

《青玉案·惜春》

两词一为惜花、一为惜春，都描写了狂风肆虐，吹落残花遍地的情景，清代张德瀛在《词征》卷六里面认为这两首词都在暗指“石亨、徐有贞诸人言之，其痛念于景帝之变乎？”明代宗景泰八年暨明英宗朱祁镇天顺元年（1457）正月，石亨、徐有贞等乘景帝朱祁钰患病，拥英宗朱祁镇复位，改元“天顺”，史称“夺门之变”。从王直的个人经历与当时的政治环境来看，这种看法不无道理。

明英宗朱祁镇

正统十四年（1449），蒙古瓦剌部大举入侵，明英宗朱祁镇在宦官王振的鼓动下准备御驾亲征，王直极力进谏阻止，英宗不听。大军出征后，在土木堡（今河北怀来）被瓦剌军队团团围住，明军全军覆没，英宗被俘虏，这就是历史上著名的“土木堡之变”。这一战明军死伤士卒十余万，文武官员数十人，更加耻辱的是皇帝被俘虏。瓦剌首领也先俘虏英宗后，欲趁势进攻大明都城北京，这个时候，明军精锐部队在土木堡战役中已损失殆尽，皇帝还在敌军手中，京城人心惶惶，情况万分紧急。王直先是和于谦一起拥立明英宗的弟弟朱祁钰即皇帝位，即为明代宗，安定了局面，稳定了人心，又和于谦、石亨等人同心协力坚守北京，打败了来犯的也先部队，使其落荒而逃，赢得了北京保卫战的胜利。

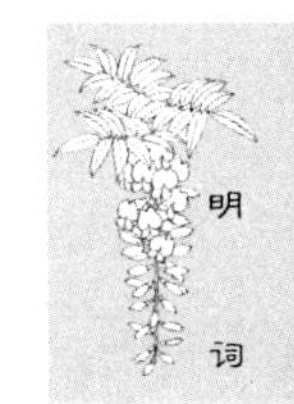

也先俘虏朱祁镇之后，本来想奇货可居，可以向明朝勒索财物，代宗朱祁钰继位后，尊朱祁镇为太上皇，已经失去了勒索的意义。也先无奈之下，于景泰元年（1450），将朱祁镇放回大明。代宗朱祁钰显然不太欢迎这个被俘已经一年多的哥哥，将他软禁在南宫，一关就是七年。七年里，代宗不但将南宫大门上锁灌铅，甚至加派锦衣卫严密看管，连食物都只能通过小洞递入。有时候，吃穿不足，朱祁镇的原配钱皇后不得不自己做些女红，托人带出去变卖，以补家用。为免有人联络被软禁的太上皇，景泰帝甚至把南宫附近的树木砍伐殆尽，让人无法藏匿。就这样，朱祁钰在惊恐不安之中，度过了七年的软禁生涯。

景泰八年（1457），代宗突然病重，卧床不起。这个时候武清侯石亨、都督张𫐄、太常卿许彬、左副都御史徐有贞以及太监曹吉祥等人开始密谋拥立太上皇。到了正月十七日凌晨，石亨、徐有贞率兵千人，控制了长安门、东华门。一

明代宗朱祁钰

行人将南宫大门撞开，跪倒在太上皇朱祁镇面前，同声高呼："请陛下登位。"随后众人拥着朱祁镇赶往奉天殿，殿下的守卫大声喝止，朱祁镇高喊："朕太上皇帝也。"守卫只得唯唯而退。十七日早朝时分，按照惯例，百官于五更前即在午门外朝房等待。忽然宫中钟鼓齐鸣，宫门大开，徐有贞高声宣布太上皇已经复辟。目瞪口呆的公卿百官此时无从选择，在徐有贞等催促下整队入宫拜贺。时隔八年之后，朱祁镇终于再次端坐在奉天殿宝座上，重新成了大明皇帝。景泰八年正月十七，朱祁镇复位，正月二十一日改元天顺。

复位当日，朱祁镇传旨逮捕兵部尚书于谦、吏部尚书王文。都御史萧惟祯建议以谋逆罪，处死二人。朱祁镇犹豫着说："当年抵御瓦剌，于谦是有功劳的。"徐有贞说："不杀于谦，您复位无名。"朱祁镇最终同意，二十二日以谋逆罪处死于谦、王文，并抄家没收家产。曾经吟下"千锤万凿出深山，烈火焚烧若等闲。粉身碎骨浑不怕，要留清白在人间"诗句的于谦，就这样被杀死在他曾拼命保卫的城市里。于谦被杀，天下所有人都知道是冤枉的，《明史》称"天下冤之"。

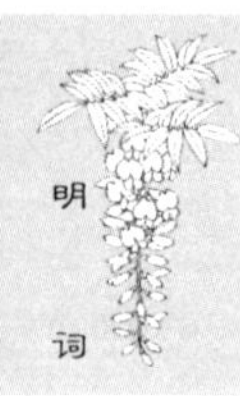

于谦被杀后，他之前所推荐的文武官员都被波及。王直曾和于谦一起拥立明代宗朱祁钰、一起组织北京保卫战，政治关系较近。看到于谦这样无端被杀，王直心灰意冷，遂请求告老还乡。联系这些背景来看，王直在词中用"可恨狂风寒卷地。绛英零落，素姿飘坠，满眼成憔悴"代指当时的政治环境，当亦有很大可能。

于　谦

丹心许国，力扶社稷

——费宏词与宁王之乱

费宏（1468—1535），字子充，号健斋，又号鹅湖，晚年自号湖东野老，江西铅山人。费宏自幼聪慧好学，十三岁中信州府童子试“文元”，十六岁中江西乡试“解元”，成化二十三年（1487）春，参加进士考试，中头名状元，被任命为翰林院修撰，时方二十，是明代最年轻的状元翰林。历仕成化、弘治、正德、嘉靖四朝，三次入内阁，嘉靖帝时任内阁首辅，两次致仕，为官三十余年，始终勤勤恳恳，忠心不二，最后于六十八岁时无疾而终。

费　宏

费宏工诗善文，著有《鹅湖摘稿》《湖东集》《宸章集录》《遗德录》《惭愕录》等。现存词二十余首，其中歌咏时事的词作比较值得注意，而尤以反映宁王之乱的三首词最有代表性。

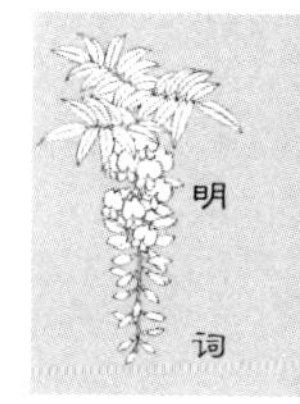

朱宸濠继承宁王王位后，结交武宗朱厚照面前的宠臣钱宁、兵部尚书陆完等人，想乘机恢复被夺的护卫、良田，并用万金遍结朝廷显贵，不少官员被收买。钱宁想要结交费宏，送给他许多金钱及珍宝古玩，但费宏早就察觉到宁王有野心，严词拒绝。钱宁既惭愧又愤恨。费宏的堂弟翰林院编修费寀的妻子与朱宸濠妻子是姊妹，知道了宁王的图谋，并告诉了费宏。有一天上朝，陆完问费宏：“宁王想要恢复护卫，您看可以吗？”费宏回答说：“既然现在要恢复，那当初是因为什么取消的呢？”陆完说：“现在恐怕不能不恢复。”费宏依然坚决反对。等到宦官奏明圣上，费宏极力辩论认为不应该恢复，但最后皇帝下诏还是恢复了宁王的护卫。从这之后，费宏不但得罪了钱宁，也得罪了宁王朱宸濠，朱宸濠对他恨之入骨。钱宁四处搜查费宏贪赃枉法的罪行，但是费宏素来清正廉洁，钱宁一无所获。但他们依然不死心，多方勾结，希望能找到机会打击费宏。既然从费宏这里找不到突破口，他们就把目标对准了费宏的堂弟费寀。御史余珊弹劾费寀不应留在翰林院，并归罪费宏，攻击数落费宏。钱宁之前已经数次在皇帝面前谗毁费宏，皇帝这次也下旨责怪，费宏只能引咎辞职，费寀也被罢免南归。

孙 燧

费宏离京后，宁王朱宸濠依然不肯善罢甘休，派人跟在费宏所乘船的后面，走到山东临清一带时，放火烧船，费宏侥幸逃得性命，但所带的行李全被烧毁。费宏回到家中，闭门谢客。朱宸濠又想要结交费宏，费宏依然严词谢绝，宁王更加愤怒。恰好当时费宏同族的人跟当地的奸贼李镇打官司，朱宸濠暗地里指使李镇杀害费宏。李镇等人据险作乱，率人攻打费宏家，逼费家交出费宏，费家不肯，于是就当众肢解了之前跟他打官司的费家族人，并毁坏费宏的家，挖费家的祖坟，在费家周围烧杀抢掠。暴徒后来增加到三千余人，危害乡里，无法无天。费宏派人飞报朝廷，朝廷下令让江西巡抚孙燧平叛，这才剿灭了李镇这帮暴徒。

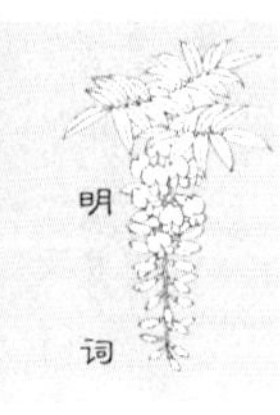

正德十四年(1519)，宁王朱宸濠发动叛乱。六月十四日，朱宸濠寿辰，邀请江西巡抚孙燧和巡抚衙门的官员到王府为他贺寿。第二天，孙燧带着众官员前去拜谢。当他们走进宁王府的时候，却被几百个身穿闪亮盔甲、手持利刃的士兵团团围住。这个时候朱宸濠走了出来，他声称武宗朱厚照抱自民间，“太后有旨，令我起兵讨贼。”听了这番话，众官员愕然大惊，面面相觑，孙燧走上前去责问朱宸濠道：“你为什么这样说，请把太后的诏书取出来让我们看一下。”朱宸濠说：“无须多言，我现在就要去南京，你应该护驾。”孙燧大怒，厉声斥骂朱宸濠说：“天无二日，我怎么会跟着你造反，白日做梦！”朱宸濠听了之后狂怒不已，去内殿换上戎装，叫手下人绑住孙燧，并折断了他的右臂。孙燧的手下按察副使许逵挺身而出，斥责道：“你们这些人竟然敢侮辱天子大臣、朝廷命官，真是大逆不道！”也被抓。两个人骂不绝口，双双被杀。费宏听到这件事后，专门写了首《解连环·哭巡抚孙公为逆贼所害》来悼念孙燧，词写道：

奇才卓荦。自巡抚江西，不孤重托。谈世事、每蹙双眉，叹蔓草难图，妖氛甚恶。贺霸千秋，猛可里、风波大作。仗孤忠劲节，独障狂澜，宁甘鼎镬。　此心真无愧怍。想那正气如生，阴扶庙略。驱厉鬼、誓杀奸雄，看吴楚淮南，登时被缚。千里湖山，思惠政、人人泪落。只这死，羞杀奸谀，重如山岳。

词的上阕先是歌颂了孙燧奇才卓荦，在江西巡抚任上勤勤恳恳，颇有政绩，没有辜负皇帝的重托。他忠肝义胆，时时刻刻关心国事，每次谈到当时的政治形势，总会紧皱双眉，忧心忡忡。孙燧之前早就察觉到了宁王的野心，但是宁王在江西势力庞大，又结交朝廷权臣，所以只能徒自叹息恶势力嚣张。他没想到事情来得那么突然，在为宁王贺完寿之后，风云突变，宁王立时就要起兵造反。在这紧要关头，孙燧临危不惧，宁死不从。下阕紧接着写孙燧为国捐躯，死而无愧，满腔正气，凛然冲天，势必会助明军驱除恶鬼、剿灭逆贼。孙燧虽死，但江西的百姓会永远记着这位父母官，想到他生前的善政会人人落泪。孙燧为国殉节，死重于泰山，会让天下逆臣贼子、奸谀小人惭愧而死。全词笔力沉雄，气壮山河，既表彰了孙燧的赤胆忠心，又鞭挞了朱宸濠这样的奸雄逆贼。

宁王发动叛乱后，王阳明在吉安（今属江西）聚集各府县士兵，征调军粮，制造兵械船只。王阳明是明朝最富有传奇性的人物之一，他不但是思想家、文学家、哲学家，还是一个军事家，真正称得上文武全才。王阳明是心学的集大成者，继承了南宋陆九渊强调“心即是理”的思想，提倡“致良知”，强调要从自己内心中去寻找“理”，“理”全在人“心”。在知与行的关系上，提倡“知行合一”，知中有行，行中有知，二者互为表里，不可分离。阳明心学又称王学、阳明学，是明朝中晚期的主流学说之一，后传到日本、朝鲜半岛以及东南亚，产生了重要而深远的影响。在20世纪初的日俄战争中击败俄国海军的日本名将东乡平八郎曾说：“一生俯首拜阳明。”王阳明的军事战绩主要是正德十三年（1518），平定为患江西数十年的民变祸乱；正德十四年（1519），平定洪都宁王朱宸濠叛乱；嘉靖七年（1528），平定西南部的思恩、田州土瑶叛乱和断藤峡盗贼。其中平定宁王叛乱是最为人瞩目的战功。

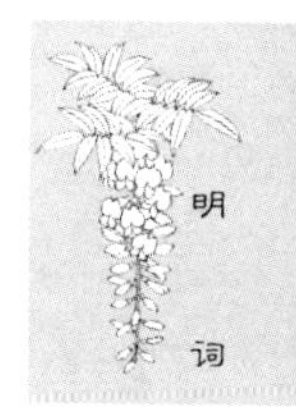

为了争取时间集结军队，王阳明假装传檄各地军队至江西勤王，派人在南昌到处张贴假檄迷惑朱宸濠。王阳明对当时的情势做了详尽的分析，他认为南

王阳明

昌不是久留之地，进攻北京路途遥远，显然也不太可能，朱宸濠所能做得最大的选择就是北上攻击南京。当时宁王刚刚叛乱，各地还没有接到统一平叛的指令，防备不足，如果宁王趁乱发动进攻，一举攻克南京，半壁江山就会落入叛军之手。为了拖住叛军，王阳明写蜡书让朱宸濠的伪相李士实、刘养正劝他发兵攻打南京，又故意泄露给朱宸濠。此时，李、刘二人果然劝朱宸濠进兵南京，朱宸濠大为怀疑，以为李、刘二人私通王阳明，进兵南京是圈套，所以按兵不动。过了十多天，那些檄书上所谓的勤王兵没有来攻城，朱宸濠发觉被骗，就发兵进军南京。叛军陆续攻下九江、南康。但是大军攻打到安庆（今属安徽）的时候受挫。安庆府守备杨锐、知府张文锦组织军民坚决抵抗，朱宸濠叛军围攻十八天，安庆城依然牢不可破，叛军寸步难行。费宏写了一首《念奴娇·咏安庆府守备杨锐、知府张文锦阻遏宁贼》词，赞颂杨锐、张文锦的功绩，词这样写道：

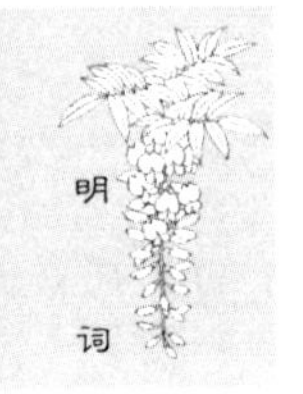

宁王东下，要把那、龙虎江山占据。安庆城边，却被我、两个忠臣拦住。火箭空多，云梯枉设，贼死应无数。几番大败，痛哭相呼且去。

闻是守备杨侯，协同张太守，一心防御。遮蔽江淮，功不让、往日睢阳张、许。逆贼回舟，魂游江上，已心灰气沮。功劳如此，何人为达明主。

这首词虽然写得有些直白，但很形象地记述了杨锐、张文锦多次击退宁王叛军、固守安庆城的情形。费宏把杨锐、张文锦比作唐代安史之乱中固守睢阳城的张巡、许远，表彰了他们的丰功伟绩。

就在安庆守卫战进行得如火如荼之时，王阳明大军已集结完毕。摆在他面前的有两个选择：一个是救援安庆，一个是攻击宁王老巢南昌。王阳明手下部将都认为应该救援安庆，因为宁王造反准备多年，南昌城守备必然十分严密，如果贸然攻城，一时很难攻下，而他进攻安庆失利，士气低落，如果抄他后路，与安庆守军前后夹击，必然一举击溃，到那个时候南昌会不攻自破。就在大家都认为下一步的军事计划应该是救援安庆的时候，王阳明力排众议，他认为南昌在安庆上游，如果越过南昌直接攻击安庆，南昌守军必然攻击我军后部，到时候会腹背受敌，安庆守军只能自保，不可能出来与我军前后夹击。而宁王精锐尽出进攻安庆，南昌守备必然空虚，进攻南昌，十拿九稳。南昌一破，宁王必定回军援救，到时候以逸待劳，迎击叛军，必然胜利。事实证明，王阳明的判断是正确的，这一选择再次证明了他杰出的军事才能。王阳明大军先是不费吹灰之力攻下南昌城，紧接着在鄱阳湖迎击回兵救南昌的叛军。双方激战三天三夜，最终宁王朱宸濠兵败被俘虏，宁王叛乱历时35天后宣告结束。费宏写了首《水龙吟·贺提督王公伯安克平逆贼》赞颂王阳明的功绩，词写道：

天生俊杰非凡，为时肯袖擎天手。胸藏兵甲，贼闻破胆，知名最旧。羽扇轻麾，逆巢忽破，遂擒乱首。非丹心许国，雄才盖世，当机会，能然否。　北望每依南斗。捷书驰、夜同清昼。力扶社稷，此功岂比，寻常奔走。造阁图形，磨崖勒颂，临江酾酒。贺邦家有此，忠臣孝子，加南山寿。

伯安是王阳明之名，阳明是他的号。全词声韵铿锵，颇有南宋辛弃疾豪迈词风。上阕称赞了王阳明的俊杰非凡、胸藏兵甲，逆贼闻风丧胆，谈笑间，敌军已破，贼首已擒。正是因为王阳明既有赤胆忠心，又有雄才盖世，所以当此危难时刻，挺身而出，“沧海横流，方显英雄本色”。下阕写王阳明一片忠心，战胜逆贼后信使昼夜兼程将捷书送往北京。这次的战功是力扶社稷，非比寻常。唐太宗为了表彰24位有功之臣，将他们绘图并置于凌烟阁，这里意思是王阳明功勋很大，也应该绘图置阁，刻石勒碑。费宏最后说我举杯临江，祝贺国家有这样的忠臣孝子，希望他们长寿，希望国家长治久安。

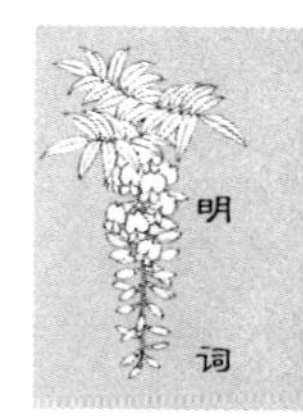

宁王朱宸濠叛乱后，费宏一直在关注战事的发展，并将自己的一些计策派人送给王阳明。叛乱平定后，大臣们纷纷上书，争相请皇帝召见起用费宏。世宗朱厚熜即位之后，降旨起用费宏，加太子少保，入内阁辅政。

赤手扶天阙，千载思遗烈

——陈霆的《酹江月》

陈霆是明代不可多得的专业词人，他不仅工于作词，对词学理论也有着深入的研究。陈霆（约1477—1550），字声伯，号水南，浙江德清人。弘治十五年（1502）进士及第，授官刑部给事中。陈霆博洽多闻，著述甚丰。他词作以长调为主，在词中多体现出豪放雄奇的格调。《四库全书总目》卷一六七中评论陈霆词风时说其“豪迈激越，犹有苏辛遗范”。苏辛遗范即以苏东坡、辛弃疾为代表的豪迈狂放的作词风格，对后代词人影响颇大。四库馆臣认为陈霆的词风和苏辛词风较为类似，可谓是其继承者。

陈霆的词给人豪迈激越的感觉主要是因为其中充斥着强烈的民族情怀和爱国意识，这种感情在词中充盈使得词作具有更大的张力和冲击力。他对岳飞、文天祥等爱国人士尤为钦仰。曾作《酹江月》一首：

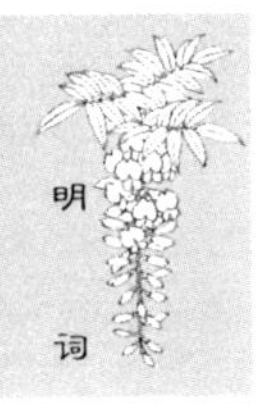

乾坤易老，叹风尘飘荡，河山分裂。名分纲常都扫地，曾有何人提挈。身翊飞龙，气吞胡马，赤手扶天阙。精忠照耀，一时名并日月。

须信天理人心，自来不泯，千载思遗烈。庙貌燕山崇祀典，华表三忠新揭。西北中原，东南王气，回首惊风雪。伤心行路，不堪日暮时节。

据他所撰的《渚山堂词话》卷三载：“京师崇文门外，有祠曰三忠，都人建以祀汉诸葛忠武、宋岳武穆、文文山。士大夫南行者，多饯别于此，所以作勤瘁而励忠节，于夫世教，不谓无补。忆予曩岁试政刑部，一日，在广坐，吏以册叶置案上，予取阅之，乃三忠诗也。凡若干首，独喜范主事渊一绝云：‘万古纲常惟一事，两朝人物属三公。谁修古庙燕山道，树色江声落照中。’词简而意尽，且有关系，有感慨，他诗莫能及也。予亦有词，寄《酹江月》。”根据陈霆的叙述，在京城的崇文门外有一个祠堂叫作三忠祠，人们为了祭祀凭吊诸葛亮、岳飞和文天祥这三位爱国英雄而建起了这座祠堂。当时的士大夫如果有要南行的大多会和亲友在这座祠堂里饯别，士大夫们也会被这三位先贤的勤勉于政事和忠贞爱国的情操所感动，从而受到教化。陈霆有一天在刑部办公的桌子上读到了若干首关于纪念这三位忠贤之士的诗文，唯独被主事范渊的一首绝句所打动，也随兴作词一首，就是这首《酹江月》。在词中，他先由天下分裂动荡的局势写起，感叹在此时有哪位豪杰能够平定战乱、使寰宇统一，最终青史留名。然后想起历史上诸葛亮、岳飞、文天祥三位忠臣曾为国家鞠躬尽瘁至今受人敬仰，不由得起了追思之情，最后格调又转为悲凉深沉。

为什么陈霆会将诸葛亮、岳飞和文天祥作为追慕的对象呢？这三位英雄有着共同的特点：都身为臣子却在社稷飘摇动荡之时尽自己毕生之力挽大厦于将倾，匡复河山，是后世历代仁人志士的楷模、百姓心中的英雄。

诸葛亮是三国时期一心辅佐汉室后裔刘备的忠臣与智者的结合体，他在《后出师表》里说一生“鞠躬尽瘁、死而后已”。他也确实言如其实，辅佐蜀汉之时在政治、经济和军事上多有作为，使蜀国得以在群雄并起的时代称霸一方，因此死后被追谥为“忠武侯”。唐代诗人杜甫曾作《蜀相》一诗追怀诸葛亮云：

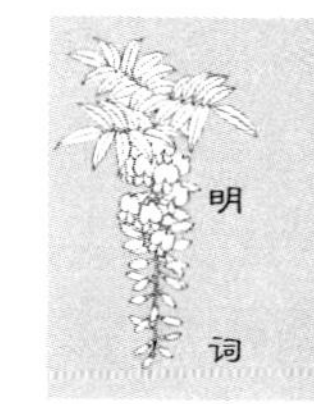

> 丞相祠堂何处寻，锦官城外柏森森。
> 映阶碧草自春色，隔叶黄鹂空好音。
> 三顾频烦天下计，两朝开济老臣心。
> 出师未捷身先死，长使英雄泪满襟。

诸葛亮自刘备三顾茅庐之后就为了匡扶汉室而殚精竭虑，像人们所熟知的“草船借箭”“七擒孟获”等等故事都是他安天下的妙计。他终生致力于“南联孙吴，北拒曹魏”的政治理想，为蜀汉在动荡的天下谋取一席之地。刘备死后，虽然白帝城托孤时说若是阿斗难以辅佐，则可以自立为蜀汉之主，可是他却安于臣子的本分、忠心为主，直到生命的最后一刻。

岳飞是南宋主张积极抗金的爱国将领，所率领的“岳家军”军纪严明、战斗力强，为抵抗金人入主中原做了极大的贡献。他曾有《满江红》词一首明其志：

怒发冲冠，凭栏处、潇潇雨歇。抬望眼，仰天长啸，壮怀激烈。三十功名尘与土，八千里路云和月。莫等闲、白了少年头，空悲切。

靖康耻，犹未雪。臣子恨，何时灭！驾长车，踏破贺兰山缺。壮志饥餐胡虏肉，笑谈渴饮匈奴血。待从头、收拾旧山河，朝天阙。

这首词英勇而悲壮，充分展现出了抗击金人入侵、平定天下的豪情壮志。可是岳飞却遭到佞臣秦桧的构陷，以“莫须有”的罪名被斩首。然而历史自有公论，他为南宋保存下半壁江山的壮举依然被世代传颂着，秦桧等人虽然一时得意却遗臭万年、遭人唾弃。岳飞谥号为武穆，意在褒奖其克定祸乱、布德执义之功绩。

文天祥，号文山，是南宋末年著名的爱国诗人，在被派往元军军营谈判时被扣留。后脱险经江苏高邮嵇庄到泰县塘湾，从南通由水路南归。在南归途中，他作诗《扬子江》一首：

几日随风北海游，回从扬子大江头。
臣心一片磁针石，不指南方不肯休。

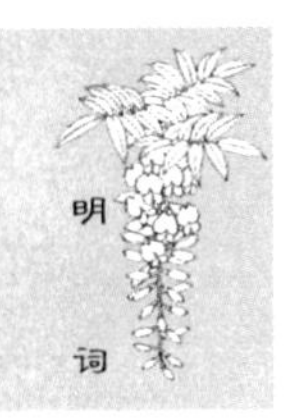

多少天一直在北海随风飘游，如今终于得以绕道从长江尽头返回南方。我的心就像那指南针，不指向南方就永不罢休。南方，即指南宋王朝，文天祥将自己比喻成始终指向南方的指南针，意在表明自己无论怎样都会一心忠于南宋朝廷。祥兴元年(1278)，文天祥被张弘范俘虏，在狱中坚持斗争三年多。在受俘期间，即使元世祖以高官厚禄百般诱惑想要劝降他，文天祥始终不为所动，最终从容就义。

陈霆有很强的民族意识和爱国情操，各种著述都包含着华夷之辨的内容。他对于宋王朝南渡前后和宋元易代的历史十分熟悉，对于岳飞、文天祥这些爱国人士更是充满了景仰之情。这种民族意识、忠烈观念延伸出来的人格气节也深深地根植于他的文学创作之中，直接影响了他的词风。

绣岭宫前，野老吞声

——陈子龙的爱国词

陈子龙（1608—1647），原名介，字人中，更字卧子，号轶符，又号大樽，松江华亭（今上海松江县）人。他生有异才，兼治诗赋古文，取法魏、晋，骈体尤为精妙。崇祯三年（1630）考中举人，崇祯十年考中进士，被任命为绍兴推官。后崇祯皇帝自缢，明朝灭亡，他在南明弘光帝时任兵科给事中，结兵抗清。事情败露，在苏州被捕，投水而亡，时年仅四十。

陈子龙身处明清易代之时，胸怀天下，一心为国，最终投水殉节，也成了著名的爱国词人。在明朝灭亡后他任南明兵科给事中，对于山河破碎而上位者无能痛心疾首，曾经说："中兴之主莫不身先士卒，故能光复旧物。今入国门再旬矣人情泄沓，无异升平，清歌漏舟之中，痛饮焚屋之内，臣不知其所终。"南明的倾颓之象由此可见，也注定了他无力回天的悲惨结局。

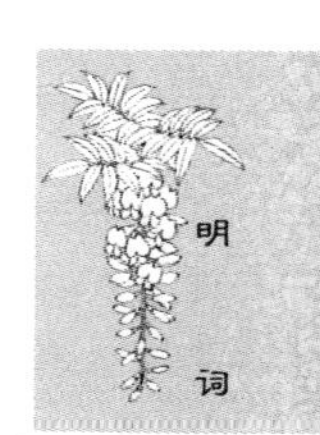

乙酉（1645）二月，在对于南明朝廷的极度失望之下，他辞官归乡。八月，清兵下松江，陈子龙因为祖母年事已高没有立刻以身殉国，而是带着全家隐遁在胡泖之地。丙戌（1646）二月祖母去世，他在墓旁结庐而居以尽孝道。后来鲁王授之以兵部职衔，聚结太湖兵举事。丁亥（1647）五月因为吴胜兆的事情败露而被抓获，投水而死。清乾隆四十一年为表彰其忠义，清高宗乾隆皇帝赐谥忠裕，祀忠义祠。

陈子龙

叶恭绰《广箧中词》论清初之词"丧乱之余，国家文物之感，蕴发无端，笑啼非假"，陈子龙历经朝代更迭，后期词作多是书写民族危亡、故国旧君之思。他的这类词蕴含民族兴亡之恨，字字珠玑，如这一首《柳梢青·春望》：

绣岭平川，汉家故垒，一抹苍烟。陌上香尘，楼前红烛，依旧金钿。　　十年梦断婵娟，回首处离愁万千。绿柳新蒲，昏鸦春雁，芳草连天。

此词中处处流露出民族兴亡之感，而不是一首普通的伤春之作。首先题目就让人联想到唐代诗人杜甫在安史之乱中写的同题名篇，诗中“国破山河在，城春草木深”之句也是词人共同的感慨。词中开篇“绣岭”二字指唐高宗显庆三年(658)修建的一座行宫，其址位于河南省陕县。唐代李玖《白衣叟途中吟·其一》云：“春日迟迟春草绿，野棠开尽飘香玉。绣岭宫前鹤发翁，犹唱开元太平曲。”这首诗与杜牧的“商女不知亡国恨，隔江犹唱《后庭花》”有着异曲同工之妙，陈子龙也是取此意，亡国之音激起的是时代兴衰之感。“汉家”突出的是华夷之辨，明清易代与大多数朝代更迭不同，满人入关，是异族的铁骑踏破汉人江山。故国旧址之上，景物依旧却物是人非，词人不禁怀有万千愁绪。“绿柳新蒲”出自杜甫《哀江头》：“江头宫殿锁千门，新柳细蒲为谁绿”，暗含黍离麦秀之悲。

陈子龙词中有两首绝笔之词，写于他投水自尽两个月前。其中的一首《唐多令·寒食》词云：

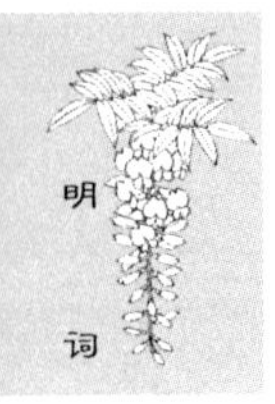

碧草带芳林，寒塘涨水深。五更风雨断遥岑。雨下飞花花上泪，吹不去，两难禁。　　双缕绣盘金，平沙油壁侵。宫人斜外柳阴阴。回首西陵松柏路，肠断也，结同心。

这首词他有一个自序，云：“时闻先朝陵寝，有不忍言者。”当时在北京任职的好友李雯前来拜访他，向他讲述了处于北京城郊明朝诸帝陵的不堪之状，他因此有感写下了这首词。上阕写景，初春时节寒意尚未完全褪去，而风雨绵绵花带泪，正如王国维所说“以我观物，故物皆着我之色彩”，此等凄凉情景也是词人心中抑郁的写照。“双缕绣盘金”指刺绣的金缕衣；“油壁”指古人乘坐的一种车壁用油涂饰的车子；“宫人斜”指埋葬宫女的墓地，此三句暗指明朝帝王陵寝被清人破坏。陈子龙写这首词的时候刚刚捐地埋葬了夏允彝等人，他因为祖母在堂出于孝道未能与他们一起殉国，然而在此词最后用苏小小典故，实际上是对黄泉之下的友人表明自己的志向，而事实上在不久之后他也投水而死。

另一首绝笔词《二郎神·清明感旧》也写于同一时候：

> 韶光有几？催遍莺歌燕舞。酝酿一番春，秾李夭桃娇妒。东君无主。多少红颜天上落，总添了数抔黄土。最恨是年年芳草，不管江山如许。　　何处？当年此日，柳堤花墅。内家妆，搴帷生一笑，驰宝马，汉家陵墓。玉雁金鱼谁借问？空令我，伤今吊古。叹绣岭宫前，野老吞声，漫天风雨。

上阕伤春，感伤春景易逝，继而感怀人世，感叹红颜虽美却终究化为黄土，然后写到纵然江山改换，芳草年年依旧。层层推进，发人深思，也令人慨叹不已。想到当年此处花柳拂衣、楼阁参差，身着“内家妆”的宫女们踏春游玩，巧笑嫣然；前往祭陵的骏马飞驰，可如今却是另外一番情景。“玉雁金鱼”指的是帝陵殉葬之物，如今却被清人摧毁破坏，让他不由得凭吊过去而哀叹现今。“绣岭宫前，野老吞声”则是用和上文《柳梢青·春望》同样的典故，借以抒发亡国之恨。

顺治四年（1647）五月十三日，陈子龙为清军所捕获，投水而死。这既是他以死成全其爱国之志，亦是实践了他对友人夏允彝的宿诺。而我们后人在折服于他的节烈的同时不禁要为他的英年早逝扼腕痛惜一番了。

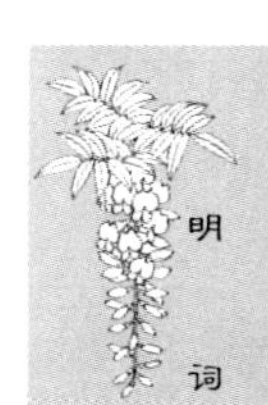

神州陆沉，乱愁摇曳

——汤传楹词与他的“三副痛泪”

苏州曾有一位风流才子唐伯虎留下过“三笑”的佳话，可是在一百五十年之后，当地另一位才子汤传楹“三哭”的掌故，却鲜为人知。

汤传楹（1620—1644），字子辅，更字卿谋，吴县（今属江苏苏州）人。《吴县志》卷六九记载他“美风姿，性高洁，才思敏妙”，说他姿容秀美，品性高洁，思维敏捷。可是他曾经两次参加科举考试都没有考中，故而郁郁不得志。甲申年（1644）三月，明朝最后一个皇帝崇祯帝朱由检自缢身死，大顺皇帝李自成攻陷北京，明朝灭亡。汤传楹听说了这个消息，悲愤不已，身患重病。大哭三日之后，年仅二十五岁的他含恨去世。在短短二十多年的生命中，他留下了文学作品集《湘中草》六卷，还有三十一首词作。

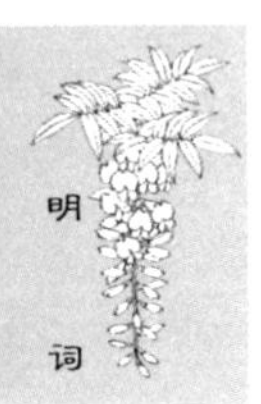

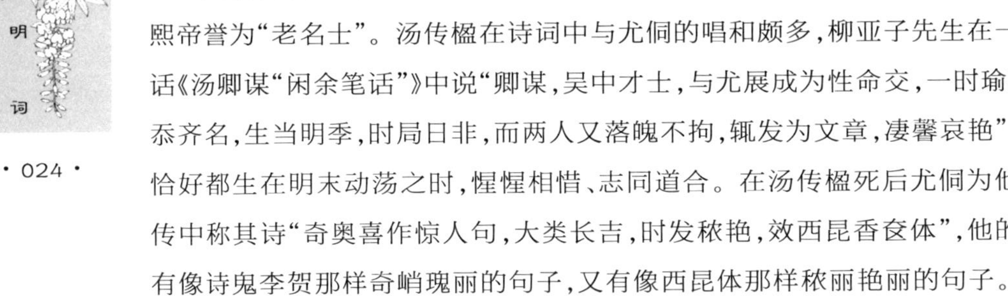

尤侗是明末清初著名诗人、戏曲家，字展成，曾被顺治帝誉为“真才子”；康熙帝誉为“老名士”。汤传楹在诗词中与尤侗的唱和颇多，柳亚子先生在一则书话《汤卿谋“闲余笔话”》中说“卿谋，吴中才士，与尤展成为性命交，一时瑜亮，无忝齐名，生当明季，时局日非，而两人又落魄不拘，辄发为文章，凄馨哀艳”，二人恰好都生在明末动荡之时，惺惺相惜、志同道合。在汤传楹死后尤侗为他作的传中称其诗“奇奥喜作惊人句，大类长吉，时发秾艳，效西昆香奁体”，他的诗既有像诗鬼李贺那样奇峭瑰丽的句子，又有像西昆体那样秾丽艳丽的句子。他的词作风格则绮丽隽秀，而又氤氲着愁情，很像女性所作之词。如这一首《阮郎归·秋妆》：

玉台晓镜试轻凉，薄施秋水妆。空庭对影怯昏黄，微风吹雾裳。　佩洛浦，髻巫阳，凭阑问海棠。夜深多露倚谁旁，折来伴绮窗。

汤传楹

微凉的秋日，一个女子化上淡淡的妆容，独自一人站在庭院里对影自怜，微风吹拂着她薄如云雾的衣裳。下片用了两个典故，相传巫山神女为天帝之女，未嫁而死，葬于巫山之阳。战国时的楚怀王游历高唐，梦与神女相遇，与之欢好。三国时期曹植有感于战国宋玉《神女赋》对楚王梦巫山神女之事，虚构自己在洛水边与洛神相遇的情节。此处即用“洛浦”“巫阳”指男女幽会。“凭阑问海棠”一句让人联想到南宋女词人李清照的《如梦令》：“昨夜雨疏风骤，浓睡不消残酒。试问卷帘人，却道海棠依旧。知否？知否？应是绿肥红瘦。”虽为问海棠，其实却是想要表达自己无人怜惜、日渐憔悴。她一个人一直伫立到深夜，寒露渐渐侵袭了她的身体，却不知道能依偎着谁在绮窗之下共诉衷肠。

汤传楹虽然多愁善感，却不是一个拘泥于儿女私情的人，他曾经在《闲余笔话》中自说他的“三副痛泪”和“五不堪之境”：人生不可不储三副痛泪，一副哭国家大局之不可为；一副哭文章不遇知己；一副哭从来沦落不偶佳人。汤传楹认为这三副痛泪才是真正的英雄之泪。真事业，真性情，俱在此中，不是那些儿女情长、执手涕泣的人可以比的。他还谈到“天下不堪回首之境”有五：衰逝过旧游处，悯乱说太平事，垂老忆新婚时，花发向陌头长别，觉来觅梦中奇遇。汤传楹认为这其中最不堪回首、最悲悯可怜的是遗老哀悼故国山河，是不知亡国恨的商女话当年车马。由此可见，他亦为家国兴衰而忧愁于心。

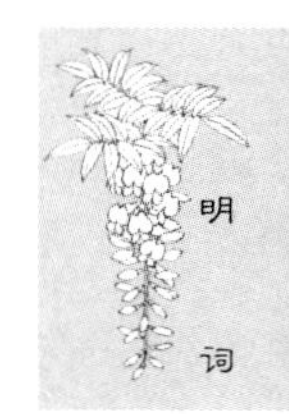

在崇祯明末之际，汤传楹虽然只是一介文弱书生，却心系天下大事，这种情感在他的词作中也有所显露。他的《沁园春·长叹次展成韵二首》写于再次参加科举考试落第之后，其一叹曰：“竖子成名，时无英雄，鸡肋何堪痛哭哉！”《晋书·阮籍传》记载三国时期文人阮籍曾经登上刘邦、项羽楚汉对峙的旧战场广武山，叹息说：“时无英雄，使竖子成名。”在这个飘摇动荡的年代，汤传楹也发出了同样的慨叹，将科举视为鸡肋，而胸怀济世之志。又说：“麦生自是吾侪，须醉读《离骚》赋《七哀》。”《离骚》是战国时期楚国大夫屈原所作，《七哀》是建安七子之一王粲的诗作，都是用以表达伤时悯乱、感伤怀才不遇的作品。汤传楹生逢乱世，虽心有大志却于力不足，只能以酒寄情，感伤时事。在其二中又写道：“穷愁天付吾侪，但举目新亭未敢哀。奈楚囚对泣，呵为新妇；宋儒章句，闷杀奇才。”

这里将“新亭对泣”和“三日新妇”两个典故合而并用，王导被晋元帝称为“吾之萧何”，以过江士人为主体，联合南北士人共同辅佐司马睿。过江士人每到天气好的日子，就会一起到新亭宴饮，周侯有一天叹息说：“风景依旧，只是江山已经换了主人了。”大家都坐着流泪不语，只有王导说：“我们应当共同为王室效力，光复神州，何必像楚囚一样光坐着相顾叹息呢！”另一个典故来自南北朝时期梁朝名将曹景宗。曹景宗性格急躁好动，每次外出时总想挑开车上的帷幔向外观望，左右从人总是以地位声望的隆重加以劝告，说让所有的人都看到他，这是不合适的。曹景宗对他亲近的人说：“我过去在乡里，骑快马有如龙腾，会同年少朋友几十个骑手，弓弦弹出霹雷般声响，急箭发出饿鹰一样的尖啸。在平野大泽中追射獐子，数着肋条射它，渴了喝它的血，饿了吃它的肉，味道甜美有如甘露琼浆。只觉得耳后生风，鼻头冒火，这样的快乐让人不知道老年还会到来。如今来扬州成了贵人，行动不得自由，走在路上打开车幔，小人便说不行。憋闷闭坐在车里，如同三天不许见人的新媳妇。遭到这种郁闷，让人不得顺气。”这两个典故的使用都表露出汤传楹的胸怀大志却郁郁不得志和对于晚明政治、士林风气的强烈不满。

集中表达他这种忧国之情的是这首《桂枝香·读史用前韵》：

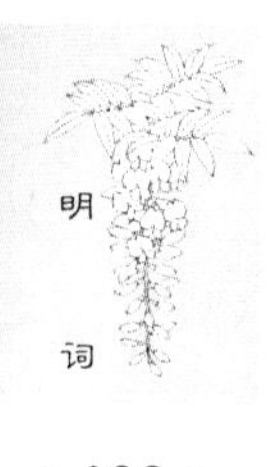

乱愁摇曳，叹紫塞风尘，秋来又起。为问东南形胜，凭衣带水。百年武备成空纸，看新忧、吾曹眼里。楼台竽瑟，边城画角，不堪生死。

江左风流扫地矣。叹击楫中流，于今有几？满目新亭哑哑，笑言而已。更无一点山河泪，望苍生、竟何人是。醉乡深味，睡乡佳境，吾将老耳。

汤传楹这首词作于崇祯十四年(1641)，那一年八月，清太宗皇太极率兵大败洪承畴，明军死伤五万多人。词人不由得感伤于乱世动荡、边庭飘摇，可是在此时却是“楼台竽瑟，边城画角”，让人联想到高适《燕歌行》中的“将士军前半死生，美人帐下犹歌舞”，达官贵人们依旧在歌舞声中作乐，可是边关的将士们却在苦苦作战抗敌。回想过去，即使江左名士崇尚空谈，却还有新亭对泣那样对国家的担忧，有王导那样戮力救国的决心，可是如今江山之中，竟没有一人可匡复河山。词人也只能醉生梦死，磨去了一番少年时的豪情壮志，充满了一种无可奈何的心境。

汤传楹一生赋性善愁，最终死于对国家灭亡的痛哭之中。他的“三哭”对后人也有着一定的影响，清末民初湖南龙阳有位诗人易顺鼎，光绪举人，曾被张之洞聘主书院经史讲席。《马关条约》签订后，上书请罢和议，反对割辽东、台湾，曾两赴台湾助刘永福抗战。庚子事变时督江楚转运，此后在桂、滇、粤历任道台。辛亥革命爆发逃居上海，后去北京，与袁克文交游，袁世凯称帝后，被任为代理印铸局长。袁帝制失败，易顺鼎纵情于歌楼妓馆。易顺鼎继承汤、尤的说法，为他住的地方取了一个凄冷的别号“哭庵”。一哭天下，二哭无知音，三哭不遇佳人，这三副痛泪恐怕是不少胸怀天下却怀才不遇的士人共同的悲伤吧。

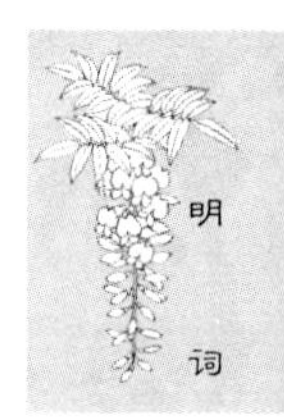

烛影摇红，凄凉千载

——夏完淳的爱国词

夏完淳（1631—1647），原名复，字存古，号小隐、灵首（一作灵胥），是夏允彝之子，师从与其父齐名的陈子龙。夏完淳小时候十分聪颖，七岁的时候就能写诗作文，十三岁仿照南北朝著名文学家庾信的《哀江南赋》作《大哀赋》，过人的才思令人赞叹不已。

人们对夏完淳有所了解，大多是因为他是明末著名的少年抗清英雄，十四岁就跟随父亲及陈子龙参加抗清活动。父亲夏允彝兵败自杀后，他和老师陈子龙继续抵抗清军，直至十七岁英勇就义。夏完淳虽然年少，但是诗词的造诣却因为饱含家国之恨而触动了一代代人。清代词人况周颐在《蕙风词话》卷五中云："明夏节愍完淳，年十七殉国难，词人中未之有也。其《大哀》《九哀》诸作，庶几跐美楚骚。夫以灵均辞笔为长短句，乌有不工者乎？谢枚如称其所作如猿唳、如鹃啼，略得其似。"以十七岁之龄而捐躯赴国难是历代词人中所没有的，夏完淳的《大哀赋》《九哀》等作品，文笔精妙几乎可以和楚国的《离骚》相媲美。他的词像屈原写楚辞的笔法一样，以男女比君臣，以香草美人寄托自己对国君的热情和忠诚，虽然没有直笔作英雄豪壮之辞，但是在字里行间透露出的身世之感依旧触动人心。他的词作风格如同猿猴唳叫，杜鹃啼血，殊为悲慨。且看这一首《婆罗门引·春尽夜》：

夏完淳与其父夏允彝

晚鸦飞去,一枝花影送黄昏。春归不阻重门。辞却江南三月,何处梦堪温,更阶前新绿,空锁芳尘。　随风曳云,不须兰棹朱轮。只有梧桐枝上,留得三分。多情皓魄,恐明宵、还照旧钗痕。登楼望、柳外销魂。

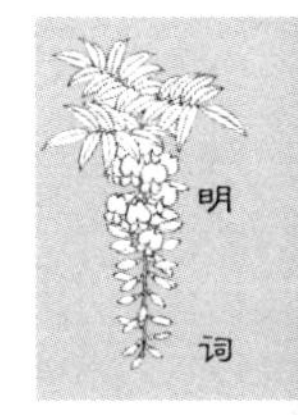

这首词从表面看来,以“春夜尽”为题,通篇写景,抒发暮春时节好景难再的怅惘之情:日暮黄昏,晚鸦飞尽,重重朱门难以阻挡春日离去的脚步;江南三月暮春时节之后,何处重温好梦?即使春日不再,多情的明月却依旧夜夜照在钗饰之上,登楼望远,见到依依垂柳遮住目光不由得暗自神伤。但这绝不单单是一首感怀春日将尽的伤春之作,细细品味可以感觉到,这里面融入了深深的家国之思。春夜尽,不如说是明朝国势衰微,气数将尽,夏完淳等仁人志士虽有心挽大厦于将倾,但却回天无力。故而词人无以遣怀,只能将满腔情感寄托到春夜将尽的感伤之中。

夏完淳还有一首《烛影摇红·寓怨》,可谓是深得屈原笔力:

孤负天工,九重自有春如海。佳期一梦断人肠,静倚银釭待。隔浦红兰堪采。上扁舟、伤心欸乃。梨花带雨,柳絮迎风,一番愁债。

回首当年,绮楼画阁生光彩。朝弹瑶瑟夜银筝,歌舞人潇洒。一自市朝更改。暗销魂,繁华难再。金钗十二,珠履三千,凄凉千载。

这首词上下两片以“回首当年”为过渡，上片佳人思断肠，下片回想起歌舞升平的往昔时光，不由得黯然神伤。然而这首看起来写的是思妇之愁的词实则与屈原“香草美人”的寄托一样，蕴含着无限爱国情思。“隔浦红兰堪采”，正如屈原《离骚》中“纫秋兰以为佩”一般，以兰草寄托自己一心为国的高洁品质，表达自己对国君、对国家至死不渝的忠诚。“一自市朝更改。暗销魂，繁华难再。金钗十二，珠履三千，凄凉千载”，一夜之间明朝帝王之气尽收，像夏完淳这一批满腔热血的忠志之士也只能感叹物是人非、山河依旧但国已破亡的凄凉了。这种藏在词作深处的感情可以从清代况周颐《蕙风词话》卷五中“节愍词《烛影摇红》云云。声哀以思，与《莲社词》‘双阙中天’阕，托旨略同”见得。《莲社词》是南宋词人张抡的词集，其中以“双阙中天”为首句的《烛影摇红·上元有怀》全词如下：

双阙中天，凤楼十二春寒浅。去年元夜奉宸游，曾侍瑶池宴。玉殿珠帘尽卷。拥群仙、蓬壶阆苑。五云深处，万烛光中，揭天丝管。

驰隙流年，恍如一瞬星霜换。今宵谁念泣孤臣，回首长安远。可是尘缘未断。谩惆怅、华胥梦短。满怀幽恨，数点寒灯，几声归雁。

这首《烛影摇红》与前一首恰恰相反，上片先写当年从皇帝出游的鲜花着锦、烈火烹油的不尽富贵繁华，下片笔锋一转，转而写如今孤身在外，回望长安，只余寒灯归雁相伴的惆怅愤懑。“今宵谁念泣孤臣，回首长安远”，可以明显看出张抡这首词直抒胸臆，直接抒发对国破家亡的痛心哀苦。而夏完淳的那首《烛影摇红》虽然以女子为主人公，却寄托着与张抡词作一样的主旨，一片同样的忠君爱国之思可昭日月。民国赵尊岳在《惜阴堂汇刻明词提要》中写道：“《烛影摇红》一阕，尤为明季诸家之冠。词云云。其忠愤之怀，字里行间，一一流露，可谓入宋贤之堂室者已。”“明季”，即明末，赵尊岳高度赞誉了夏完淳这一阕《烛影摇红》中所流露出的忠诚与国破家亡的悲愤之情，几乎可以与宋代贤者相提并论，实可列为明末词作之首。

夏完淳以小小年纪为国捐躯，这不免令人惋惜不已，然而似乎我们也应该感谢那场翻天覆地的改朝换代，若是没有清军入关，夏完淳的一生或许也会被改写。时势造英雄，抑或是英雄造时势？我们无法断言，但乱世出英雄，乱世也造就了这样一个令后代敬仰不已的夏完淳。

宦海浮沉　咏怀抒志

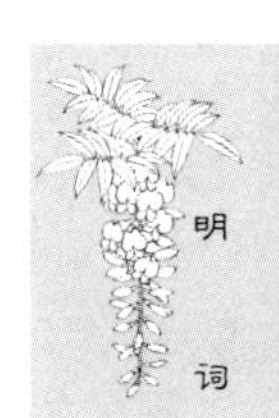

在古代，读书致仕是绝大多数士子的选择，明代亦不例外。官场中，有些人飞黄腾达、志得意满，有些人沉郁下僚、蹉跎失意，并且得志与失意又会随时变化。很多时候，官场上并不是风平浪静，而是充满钩心斗角，因此那些士子几乎每个人都经历过宦海沉浮、大起大落。许多词人把他们宦海沉浮的经历写进了词，并且在词中抒发怀抱与感慨。

闻笛感赋，伤时怀友

——杨基的《摸鱼儿》

高启（1336—1374），字季迪，号青丘子，江苏长州（今江苏苏州）人。与杨基、张羽、徐贲齐名，号“吴中四杰”。高启博学工诗，是明初最有成就的诗人，《四库全书总目提要》称其“天才高逸，实据明一代诗人之上”。然而这么有才华的一位诗人，却在明太祖洪武七年（1374）被腰斩于市，年仅39岁。

关于高启之死的原因，历来众说纷纭。最通行的说法是苏州知府魏观因在张士诚故宫旧址重建府衙，被人诬告获罪，高启因作《上梁文》一并得罪。张士诚是朱元璋建立明朝过程中最大的敌人之一，如今朱元璋的皇位刚刚坐了几年，就有人在张士诚的宫殿遗址上建新的府第，而且高启写的那篇《上梁文》里有“龙蟠虎踞”四个字，这四个字一般都是用来形容金陵王气的，这正犯了朱元璋的大忌，于是将这两个人一并处死。魏观案与《上梁文》只是高启被杀的直接诱因，其实朱元璋对高启早就有不满之心。朱元璋原本很想重用高启，洪武三年（1370）秋，拟任高启为户部右侍郎，但高启以年少不堪重任为缘由，固辞不受。对于朱元璋的委以重用，高启不但不知感恩，还辞官归乡，朱元璋心里肯定对高启不满。除此之外，高启曾经写过两首讽刺元顺帝宫闱隐私的诗《题宫女图》和《画犬》，其中有“小犬隔花空吠影，夜深宫禁有谁来”之句，世传高启是在讽刺朱元璋打败陈友谅后将其姬妾纳为己有，因此对高启更生厌恶之心。不管是什么原因，39岁的天才诗人被腰斩这一事实震动了明初很多文人的心。

高启死后，杨基写了首悼念朋友的诗《哭高季迪旧知》，诗中这样写道：“鹦鹉才高竟殒身，思君别我愈伤神。每怜四海无知己，顿觉中年少故人。祀托友生香稻糈，魂归丘陇杜鹃春。文章穹壤成何用？哽咽东风泪满巾。”汉末名士祢衡很有才华，作《鹦鹉赋》名闻天下，因击鼓骂曹得罪曹操，曹操大怒，但不想背负杀名士之名，将他送给荆州刘表，想借刀杀人，刘表又把祢衡送给江夏太守黄祖，后来被太守黄祖所杀。杨基将高启比作祢衡，对其被杀表达了惋惜、悲伤、思念等感情。除了诗之外，杨基也将自己的悲悼感怀之情写进了《摸鱼儿》这首词：

问黄花为谁开晚？青青犹绕西圃。秋光赖有芙蓉好，那更薄霜轻雾。江远处，但只见、寒烟衰草山无数。凭阑不语，恨一点飞鸿，数声柔橹，都不带愁去。　当时梦，空忆邯郸故步。山阳笛里曾赋。黄金散尽英雄老，莫倚善题鹦鹉。君看取，且信提携如意樽前舞。浮名浪许。要插柳当门，种桃临水，归老旧游路。

这首词题为“感秋”，但不是传统的悲秋，而是有感于当时政治空气的凛栗肃杀。词中关键是“山阳笛里曾赋”，曹魏时嵇康、吕安被司马昭所杀，他们的好友向秀在嵇康死后迫于压力不得不到司马氏手下做官。一次，他经过好友嵇康在山阳的旧居，听到邻人嘹亮的笛声，不禁悲从中来，写下了《思旧赋》来悼念嵇康、吕安。杨基在这首词里用这个典故，显然也是借这首词来悼念被朱元璋所杀的高启。“莫倚善题鹦鹉”，以祢衡比高启，与《哭高季迪旧知》诗相同，进一步证明了这首词是为高启而发。

然而，高启的被杀在明初并不是个案，与其并称的“吴中四杰”其他三人都没有得到善终，杨基遭受谗言被罢官，罚作苦工，最后死在工所；张羽坐事流放岭南，未半道召回，被绑起来扔进长江，尸骨无存；徐贲因犒劳军队不及时，被下狱处死。明初以“吴中四杰”为代表的江南文人的遭遇颇值得思考。

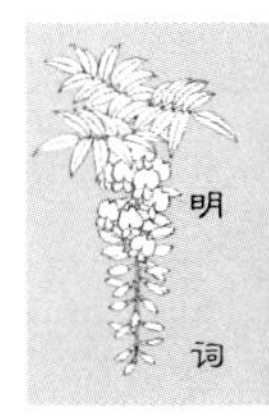

元末张士诚占据苏州时，笼络江南士子，得到很多人的拥护。朱元璋率军攻打苏州，遭到城中军民的顽强抵抗。城陷之后，朱元璋为了报复，下令将张士诚官属及杭州、湖州、嘉兴、松江等府官吏家属与外郡流寓之民二十余万人押解至京。同时为了彻底铲除张士诚余孽，惩戒那些曾经归附他的百姓，朱元璋对苏州、松江等地区实行重税。朱元璋对苏州一直放心不下，时刻保持敏感与警惕，在他当皇帝的31年，苏州知府竟然换了30个人。清人朱彝尊《静志居诗话》曾经做过统计，朱元璋称帝的这些年中，苏州知府30人，被谪贬的有吴懋，犯事被罢官的有何异、张亨，被抓的有王暄、丁士梅、汤德、石梅、王绎、陈彦昌、张冠、黄彦端，贪污被判刑黥面的有王文，犯事被杀的有魏观。朱彝尊不由得感叹，做苏州知府实在太不容易了。由此可见，高启之死除了个人原因外，也有很深的社会历史原因，高启的被杀只是明初江南文人遭际的冰山一角。

壮志生平还自负，羞比纷纷儿女

——高启的《念奴娇·自述》

洪武三年(1370)秋，明太祖朱元璋拟任高启为户部右侍郎，但高启以年少不堪重任为缘由，固辞不受，辞官归乡。看起来，高启似乎是一个无意仕进、一心隐逸的人，但实际上并不是那样，或者说高启的心态也经历了由积极进取、建功立业向急流勇退、隐逸归田的转变。明代文震孟《姑苏名贤小记》里面说高启“少聪颖，有纵横才略”。明末钱谦益《列朝诗集小传》也说高启“有文武才”。从《念奴娇·自述》词中，我们也可以看出高启早年的雄心壮志：

策勋万里，笑书生、骨相有谁曾许？壮志平生还自负，羞比纷纷儿女。酒发雄谈，剑增奇气，诗吐惊人语。风云无便，未容黄鹄轻举。

何事匹马尘埃，东西南北，十载犹羁旅。只恐陈登容易笑，负却故园鸡黍。笛里关山，尊前日月，回首空凝竚。吾今未老，不须清泪如雨。

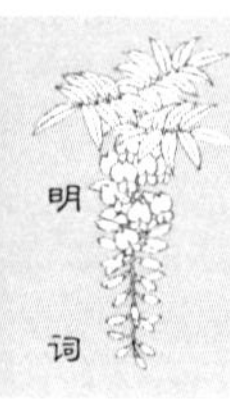

词开篇写自己有在万里疆域建策立功的雄心，但自古有多少和自己一样心怀凌云壮志的书生被人讥笑骨相轻贱，得不到赏识重用。词人以这种雄心壮志自负，羞于同那些庸庸碌碌、默默无为的世间儿女相提并论。烈酒激发了词人高谈阔论的英气，宝剑增加了词人奇峻拔俗的豪气。“诗吐惊人语”化用了诗圣杜甫的“语不惊人死不休”，词中抒情主人公不是粗豪的草莽英雄，而是书剑风流、文才武略的大英雄。只要风云际会，词人就会像黄鹄一样展翅高飞，建功立业。秦末陈胜、吴广起义，吹响了反抗秦朝暴政的号角。陈胜从小是个农民，要去地主家里打工，为地主耕地。有一次，他和别人一起耕地，中间停止耕作走到田畔高地上休息，因为失意而愤慨叹息了很久，说：“如果有朝一日我们谁富贵了，可不要忘记老朋友啊。”其他雇工们笑着回答说：“你是个被雇佣耕地的人，

高 启

哪来的富贵呢？”陈胜长叹一声说：“唉，燕雀怎么知道鸿鹄的志向呢！”是呀，“燕雀安知鸿鹄之志”。“鸿鹄”就是高启词中的“黄鹄”。高启也有鸿鹄之志，只是机遇还没有到来。

词的下阕开始回首往事。词人先是回顾了元末他客居异乡、四处奔走的羁旅生活。从元至正十六年(1356)到至正二十六年(1366)这十年间，高启曾东避青邱，南游吴越，蛰居娄江，流落江村，历经艰险。“只恐陈登容易笑，负却故园鸡黍”两句，用了三国时魏人陈登的典故。有一次刘备、许汜与刘表三人在一起共论天下之士。谈到陈登时，许汜不以为然地说：“陈登是湖海之士，骄狂之气至今犹在。”刘备听了后问刘表：“您觉得许君所说对不对？”刘表说：“如果说不对，但许君是个好人，不会随便说假话；要说对，陈元龙又盛名满天下！”刘备问许汜：“您认为陈登骄狂，有什么根据吗？”许汜说：“我过去因世道动荡而路过下邳，去见陈登，当时他毫无客主之礼，很久也不搭理我，自顾自地上大床高卧，而让我坐在下床。”刘备应声道：“您素有国士之风。现在天下大乱，帝王流离失所。陈登希望您忧国忘家，有匡扶汉室之志。可是您却向陈登提出田宅屋舍的要求，所说没有什么可以听，这当然是陈登所讨厌的，又有什么理由要求他和您说话？假如当时是我，我肯定会上百尺高楼上去高卧，而让你睡在地下，哪里只有区区上下床的区别呢？”高启在这里用陈登比喻天下英雄也会笑自己没有拯世济民的大志。“笛里关山，尊前日月”两句，《关山月》是古乐府《横吹曲》调名，主要写戍边将士的思乡之情，当词人听到这首笛曲时，就想到与家人伤别的痛苦，羁旅在外，一事无成，他只有借酒消愁，消磨时光。回首前尘往事，词人不由得默然伫立，黯然神伤。但是高启并没有一味消沉下去，最后两句“吾今未老，不须清泪如许”，又重新振作起来，我现在正值壮年，没必要悲伤哭泣，以后肯定会实现自己的理想抱负，建立一番功业。

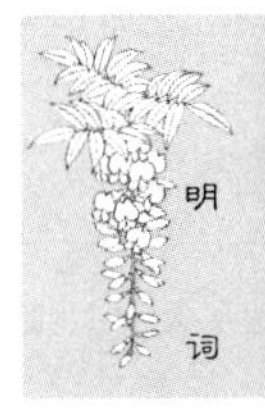

高启本质上不是一个畏首畏尾、凄凄怨怨的人，而是自命不凡、雄心勃勃、放达孤傲、不随世俗的人，如他在诗歌《青丘子歌》中所写“有剑任羞涩，有书任纵横，不肯折腰为五斗米，不肯掉舌下七十城，但好觅诗句，自吟自酬赓”，“不忧回也空，不慕猗氏盈，不惭被宽褐，不羡垂华缨，不问龙虎苦战斗，不管乌兔忙奔

倾，向水际独坐，林中独行”。

《沁园春·寄内兄周思谊》词中同样体现了高启的豪情壮志：

> 忆昔初逢，意气相期，一何壮哉！拟献三千牍，叫开汉阙；蹑一双屐，走上燕台。我劝君酬，君歌我舞，天地疏狂两秀才。惊回首，漫十年风月，四海尘埃。　摩挲旧剑生苔。叹同掩、衡门旧草莱。视黄金百镒，已随手去；素丝几缕，欲上头来。莫厌栖栖，但存耿耿，得失区区何足哀。心惟愿，对尊中酒满，树上花开。

与《念奴娇·自述》一样，昔日的豪气干云与现在的蹉跎失志在这首词中同时出现。高启回忆他和周思谊以前刚刚相逢时，雄心壮志，意气风发，志趣相投。西汉武帝设金马门征招天下英才，战国时燕昭王筑燕台招纳天下贤士，高启希望自己与周思谊都可以遇到求贤若渴的明君，得到赏识和重用，然后施展抱负。可是，十年风雨，十年漂泊，两个人都失志不遇，住在茅屋里，剑已锈，发已斑。经历了人生中风风雨雨之后，这时的词人心态已经很平和，不以僻居茅庐为羞，只要心中坦荡荡，问心无愧，一切得失荣辱都不会再挂怀。

可以这样说，壮志与失意是相伴相随的，人如果没有理想、没有期盼，当然也就不会有失望和悲伤。高启词中的失落神伤正是因为他曾经有着凌云壮志，而当现实暂时不得意的时候，高启并没有一味低沉下去，不管是《念奴娇·自述》中的乐观振作，还是《沁园春·寄内兄周思谊》中的旷达淡然，都是值得我们后人钦佩与学习的。

托物言志，自比身世

——高启的《沁园春·雁》

在高启之前，词史上咏雁最著名的是南宋词人张炎的《解连环·孤雁》：

楚江空晚，怅离群万里，恍然惊散。自顾影、欲下寒塘，正沙净草枯，水平天远。写不成书，只寄得、相思一点。料因循误了，残毡拥雪，故人心眼。　谁怜旅愁荏苒？谩长门夜悄，锦筝弹怨！想伴侣、犹宿芦花，也曾念春前，去程应转。暮雨相呼，怕蓦地、玉关重见。未羞他、双燕归来，画帘半卷。

词中描写了一只离群失侣的孤雁独自在江野彷徨的凄苦情景，抒发了词人羁旅漂泊的愁怨和孤独落寞的凄寂。名为咏雁，实为写人。张炎因为这首词写得很出色，而被人称为“张孤雁”。

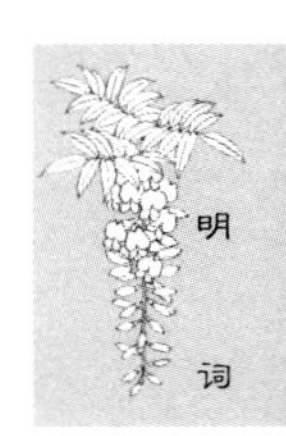

高启的《沁园春·雁》同样写雁，同样托物言志、自比身世，那高启词中的雁与张炎词中的雁有什么不同呢？《沁园春·雁》全词为：

木落时来，花发时归，年又一年。记南楼望信，夕阳帘外；西窗惊梦，夜雨灯前。写月书斜，征霜阵整，横破潇湘万里天。风吹断，见两三低去，似落筝弦。　相呼共宿寒烟。想只在、芦花浅水边。恨呜呜戍角，忽催飞起；悠悠渔火，长照愁眠。陇塞间关，江湖冷落，莫恋余粮犹在田。须高举，教弋人空慕，云海茫然。

上阕前三句写大雁秋末南飞，春初北归，年复一年。中国自古就有飞雁传书的传说，词人看着天上的大雁，想起了以前南楼望雁、妻子西窗惊雁的情形。

词人曾经在夕阳西下的时候，站在南楼远望，希望大雁能传来亲人的消息。“西窗惊梦，夜雨灯前”化用唐代诗人李商隐《夜雨寄北》诗中的“何当共剪西窗烛，却话巴山夜雨时”，意思是词人想象着妻子曾夜闻雁叫，西窗惊梦，夜雨灯前却无人共语。“写月书斜”是“月斜书写”的倒装，从张炎《解连环·孤雁》词句“写不成书”化来。孤雁写不成字，群雁却可以一会儿排成一个“一”字，一会儿排成一个“人”字。月斜时分，群雁排着整齐的阵形，冲破寒霜，冲向潇湘的万里云天。但是猛烈的寒风把雁行吹断，有两三只大雁失群落队，就像筝柱上脱下的弦，处境危险。在困苦的环境中，这两三只雁相依相伴，“共宿寒烟”。唐代诗人司空曙《江村即事》诗有“纵然一夜风吹去，只在芦花浅水边”，大雁理想的栖息之地应该在“芦花浅水边”，但是这时候只能奢想。呜呜悲鸣的号角声响起，刚刚入睡的雁又得赶紧飞起，去找一个安全的地方。“悠悠渔火，长照愁眠”化用唐代诗人张继《枫桥夜泊》的“江枫渔火对愁眠”，由于担惊受怕，大雁睡不安稳，只能在点点渔火的照耀下伴着愁绪而眠。从甘肃、陕西一带“陇塞”飞到江南，行程万里，历经关山险阻。“莫恋余粮犹在田”出自唐代诗人杜甫《同诸公登慈恩寺塔》“君看随阳雁，各有稻粱谋”，高启在这里反用，意思说尽管陇塞僻远，尽管江湖冷落，大雁也不要留恋田地里的那些稻粱，而应该高飞远举，到辽阔的天空上去，远离猎人的罗网。

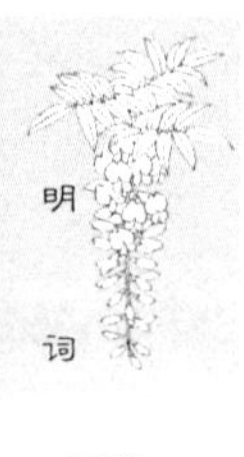

高启《题侍女图诗》

同张炎词中所写孤雁的失群孤冷不同，高启词中的雁抒发的是一种惊悸之中仍不失洒脱自信的情怀。清代词学家陈廷焯认为这首词“句句精秀，虽非宋人风格，固自成明代杰作”，同时又说“陇塞间关，江湖冷落，莫恋余粮犹在田。

须高举，教弋人空慕，云海茫然"这几句"托意高远。先生能言之，而终不自免，何耶？"

高启这首词名为咏雁，实际上处处自比身世，他的《池上雁》一诗同样是这种写法：

野性不受畜，逍遥恋江渚。冥飞惜未高，偶为弋者取。
幸来君园中，华沼得游处。虽蒙惠养意，饱饲贷庖煮。
终焉怀惭惊，不复少容与。耿耿宵光迟，摵摵寒响聚。
风露秋丛阴，孤宿敛残羽。岂无凫与鹜，相顾非旧侣。
朔漠饶燕云，梦泽多楚雨。遐乡万里外，哀鸣每延伫。
犹怀主恩深，未忍轻远举。傥令寄边音，申报聊自许。

诗中的大雁喜欢在江海之上自由自在地飞翔，但因为飞的不高，不小心被弋者猎取，养在花园中，虽然吃得很好，生活优裕安闲，但始终觉得不适意。大雁日夜思念野外的生活，但因为心里顾念主人豢养的深恩，所以不忍心高飞远举。这首诗里的大雁明显是诗人的自比，他有着不受约束的"野性"，但却入朝为官，身处官场，功名利禄并没有使他多么开心，繁文缛节的束缚、尔虞我诈的斗争却使他感到苦闷与孤独。诗人感念明太祖朱元璋的赏识之恩，虽然内心苦闷，但还是不忍心辞官归隐。

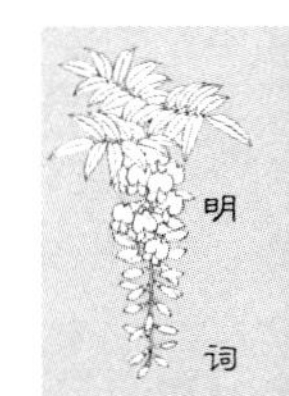

如果说《池上雁》中高启还在犹豫挣扎，那么《沁园春·雁》中的态度已经很决绝。词中所写两三只失群之雁所处的险恶环境，正是元明易代之际险恶政治环境的写照，他希望能像大雁一样高飞远举，全身避害。现实中，高启确实也是这样做的。但正如《诗经·北山》所说"溥天之下，莫非王土；率土之滨，莫非王臣"，回乡隐居并不能使"弋人空慕，云海茫然"。最终，洪武七年(1374)，年仅39岁的高启被腰斩于市。

群花乱飘，联壁碎掷

——高启的《多丽·吊七姬》

元末张士诚占据苏州，潘元绍是张士诚的心腹大将，也是他的女婿。潘元绍有七个小妾，分别是程氏、翟氏、徐氏、罗氏、卞氏、彭氏、段氏。这七个人性格柔慧，端庄秀雅，美丽大方，擅长女红。剪制衣服，只要经过她们的手，都精巧绝伦。七人侍奉潘元绍及夫人以礼，七个人在一起和谐有序，不争风吃醋、不恃宠自骄。潘元绍每次在外面听到有气节女子的事迹，回家都要讲给这七个人，七人听到后异口同声地说："那些事我们也能做到。"潘元绍笑着说："你们果真能做到吗？"

朱元璋派徐达带兵围攻苏州城的时候，潘元绍出战，看到事态紧急，苏州不日即将被攻破，就把他的七个小妾叫到一起说："我身负国家重任，照顾不上家了，如果有什么不测，你们要记得我以前给你们讲的那些节义女子的事，都自杀，不要被人嗤笑。"听了这番话后，段氏走上前，跪着向潘元绍说："主人一向厚待我，我永远不会有二心。请让我现在以死明志，不要让您再有所怀疑。"说完，段氏就跑到内室，用佩巾自尽而死。其他六个人也相继自尽。年纪最大的程氏当时年仅三十，翟氏二十三，罗氏、卞氏二十二，徐氏、彭氏二十，最小的段氏才十八岁。因为当时情势紧急来不及安葬，将尸体焚烧后，潘元绍把这七个人的骸骨合葬在后花园中。

这件事在当时引起轰动，很多文人写诗撰文纪念。高启写了《多丽·吊七姬》词，来吊祭这七个节义女子，全词为：

倩嫦娥，呼天试问如何？向人间、生成尤物，等闲又把消磨。揉群花、乱飘尘土，毁联璧、碎掷烟波。谩说无双，倾城曾数，八人少个六人多。一般样、细腰袅袅，高髻峨峨。　奈干戈、筵上艳曲，忽翻做帐中歌。忍教受、项缠索帛，浑忘记、臂结红罗。翠被都闲，玉钿尽落，魂游应去马嵬坡。谁能发、香袖解看，怕肉尚温和。堪肠断、空楼月落，废院春过。

词的上阕先是写七姬的美貌，天上仙女下凡成了人间的尤物，紧接着又责问上天为何令她们悲惨而死。这七个女子个个倾城倾国，貌美无双，细腰袅袅，高髻峨峨，词人把他们比作“群花”，比作“连璧”。如此美艳无匹的七个女子，自尽而死，怎么能不令人悲伤？

下阕写七人的惨死和死后的凄凉。世事反复，前一刻还在宴席上唱着艳曲，忽然就变成了西楚霸王项羽和虞姬诀别时的帐中歌。词人不禁在责问潘元绍，全然忘记了迎娶七女时的“臂结红罗”，竟忍心让她们“项缠索帛”，自到而死。唐玄宗宠爱杨贵妃，安史之乱爆发后，弃长安城逃往蜀地，大军走到马嵬坡之时，在随行将士的压力下，将杨贵妃赐死，白居易的《长恨歌》写道“花钿委地无人收”。高启认为七姬与杨贵妃死得一样悲惨凄凉。七姬死后，月落楼空，潘园荒废，令人断肠。高启的这首词抒发了对七姬深切的悼念和惋惜之情。

讽刺的是，潘元绍常常教育七个小妾要全节守义，七姬确实也自尽守节，但是苏州城破之后，潘元绍却投降了明军，七姬如果泉下有灵，不知该做何感想？

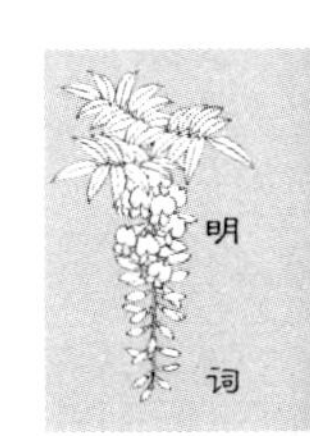

谁似皋兰老子，担当了纲常重任

——王九思的《水龙吟·送少保彭公泽代对山作》

王九思(1468—1551)，字敬夫，号渼陂，一号碧山，陕西鄠县(今户县)人。弘治九年(1496)进士，选为庶吉士，后授翰林检讨。武宗朱厚照即位后，宦官刘瑾专权，王九思与刘瑾有来往，官吏部郎中。其间，李梦阳、何景明、康海、徐祯卿、边贡、王廷相等人陆续来到北京，不时聚会，诗酒唱和，研讨文艺，倡导复古，主张“文必秦汉，诗必盛唐”，对当时文坛风气转变起到很大影响，史称“前七子”。刘瑾被诛后，王九思名列瑾党，受到牵连，贬为寿州同知，不久又被勒令致仕。当时是正德六年(1511)，王九思44岁，正当中年有为之时，不得不回到鄠县家乡，此后的40年他将精力主要用在文学创作方面。著有《渼陂集》十六卷、《续集》三卷。散曲集有《碧山乐府》五卷，以及杂剧《沽酒游春》《中山狼》等。

王九思词作，现存五十多首，酬赠之作较多，如他人过寿辰、官员升迁等写祝贺之词，友朋离别时写送别之词等，其中有一首《水龙吟·送少保彭公泽代对山作》值得注意，词写道：

> 汉川滚滚东流，此情日夜流难尽。江山千里，兵戈数载，这回安顿。红日当头，苍生举目，看天天近。英雄休浪说，说何容易，行何少，空霜鬓。　谁似皋兰老子，担当了、纲常重任。姚崇安在，韩琦谁是，而今须问。洗甲银河，承恩金阙，等闲休论。论平生只有，他年汗简，照伊方寸。

太子太保、兵部尚书彭泽以病辞官，被批准后，同朝的公卿大夫纷纷写诗词为他送行，后来这些诗词编成了一个集子，名为《荣归录》，王九思为其作序，并替好友康海写了这首词。词上阕前两句用汉水东流起兴，以水的日夜流淌、奔腾不息来代指送别者对彭泽的感情。这种手法李白的诗里经常用，如《金陵酒肆留别》中的“请君试问东流水，别意与之谁短长”。紧接的三句说彭泽南征北战多年，现在终于可以解甲归田。普通百姓抬头看天看太阳，会觉得天和太阳都很近，但是英雄不是空口说白话，说起来容易，做起来难，太多人在逞口舌之利中慢慢变老，空白了少年头。

王九思

下阕开始紧承上阕发问，芸芸众生中，谁能像彭泽一样承担保卫国家的大任呢？彭泽是兰州人，兰州有皋兰山，所以说是“皋兰老子”。彭泽辞官之后，像姚崇一样的贤相在哪里，又有谁是像韩琦一样的名将。姚崇是唐代贤相，辅佐唐玄宗开创了“开元盛世”。韩琦是宋代名将，宋夏战争中战功卓绝，当时边疆流传歌谣：“军中有一韩，西贼闻之心骨寒。”王九思在这里把彭泽比成像姚崇、韩琦一样的能臣名将。彭泽一生不畏权势，刚正不阿，任地方官期间，多有政绩。治军军纪严明，厚赏峻罚，所率部队战斗力强，曾多次平定各地叛乱，如河南刘惠、赵鐩、四川廖麻子、喻思俸等。传说周武王伐纣时，上天降下大雨洗刷兵器，后来战争胜利，擒纣灭商。后世遂以“洗甲”表示胜利结束战争。古人把夜空中横跨星空的一条乳白色亮带叫作银河，在这首词里意思是用银河水来洗甲，意指什么地方有了叛乱，只要彭泽前去就会胜利结束战争，从而得到皇帝的奖赏。这些对于才能一般的平常人来说根本不敢想象。汗简即竹简，用火烤竹简，简会出汗，所以称汗简，造纸术发明前，文字大都写在竹简和丝帛上，后来借指典籍史册，也称作汗青，宋末文天祥“人生自古谁无死，留取丹心照汗青”中的“汗青”即是此义。王九思“他年汗简，照伊方寸”两句化用了“留取丹心照汗青”，“伊”是你，“方寸”指心，意思是说彭泽平生的事迹功绩、赤胆忠心，肯定会被史书所记载，从而永垂不朽、光照千秋。

这首词是王九思替朋友所写的送别词，虽然词里全都是对彭泽的赞扬，但这正体现出批判与歌颂本就是文学最主要的两个功能。从中国文学最早的源头《诗经》开始，就有《周颂》《鲁颂》《商颂》等歌颂的内容。所有忠臣义士、贤人孝子等都值得被歌颂。

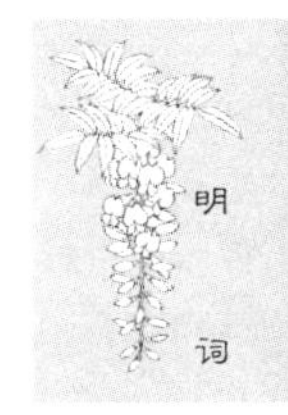

千载休谈南渡错，当时自怕中原复

——文徵明的《满江红》

对于“吴中四才子”大家一定不陌生，唐伯虎三笑点秋香的故事通过影视作品已经是家喻户晓。不仅祝允明、唐寅、文徵明、徐祯卿这四大才子在吴中地区文名远播，唐寅和文徵明的书画亦为当时一绝，在画史上与沈周、仇英合称“吴门四家”。

宋代文学家苏轼在评论王维的诗画时曾说：“味摩诘之诗，诗中有画；观摩诘之画，画中有诗。”也许正是由于文徵明诗画兼善，所以他的诗作也与王维一样“诗中有画”，大多具有极强的画面感。他曾经有过十二首题画之作《渔父词》，每一首都契合着春夏秋冬四个时令，这里选取冬季的一首：

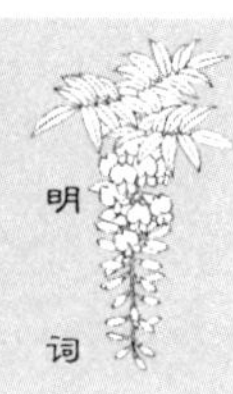

雪晴溪岸水流澌，闲罩冰鳞掠岸归。收晚钓，傍寒矶，满篷斜日晒蓑衣。

文徵明

《渔父词》这个词牌源于《楚辞》中《渔父》一文，主要借对一个打鱼老人生活的描写表达恬然自适的隐逸之情。虽然是冬日，但是暖暖的阳光笼罩着无垠的雪地，连冻结多日的溪水都开始融化，夹杂着小冰块簌簌流下。渔翁信手撒开一张网，几条鱼随着渔网跃出水面，鳞片反射着日光微微有些晃眼。夕阳西下，他带着一天的成果回到还积着雪的岸边，斜斜的暖暖的残阳毫不吝惜地洒满了他的蓑衣。这首词虽然只有短短二十个字，可是一幅生动的渔父捕鱼图跃然纸上，给人带来了无尽的遐想。

据《明史·文苑三》载:“徵明幼不慧,稍长,颖异挺发。学文于吴宽,学书于李应祯,学画于沈周,皆父友也。又与祝允明、唐寅、徐祯卿辈相切劘,名日益著。”文徵明小时候并不聪明,可是稍微长大些之后,他超乎常人的智慧就慢慢显露出来了。他跟随父亲的好友们学习各项技能,向吴宽学习作文、向李应祯学习书法、向沈周学习水墨丹青。又和祝允明、唐寅、徐祯卿一起切磋学习,渐渐声名鹊起。关于他的文学风格,明代著名文学家王世贞在《弇州山人四部稿》卷八十三《文先生传》中写道:“先生好为诗,传情而发,娟秀妍雅,出入柳柳州、白香山、苏端明诸公。文取达意,时沿欧阳庐陵。”文徵明的诗缘情而作,狷介不拘却又不失雅洁妍丽,颇有柳宗元、白居易、苏轼之风;他的文章则沿袭了欧阳修以文达意的风格。虽然他的作品大多细润而潇洒,但有一首《满江红》却是独树一帜、别具风味的:

拂拭残碑,敕飞字、依稀堪读。慨当初、倚飞何重,后来何酷?岂是功成身合死,可怜事去言难赎。最无端、堪恨又堪悲,风波狱。

岂不念,封疆蹙?岂不念,徽钦辱?念徽钦既返,此身何属?千载休谈南渡错,当时自怕中原复。笑区区、一桧亦何能,逢其欲。

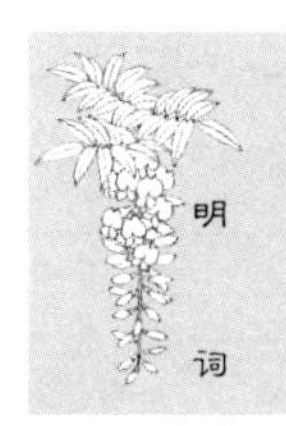

对于这首词的写作背景,由明代文学家卓人月《古今词统》卷一二中“夏侯桥沈润卿掘地,得宋高宗赐岳侯手敕刻石。文徵明待诏题《满江红》词云云。激昂感慨,自具论古只眼”可知,文徵明挖出了一块石头,而这块石头正是当年宋高宗赐给抗金名将岳飞以示嘉奖激励之意的敕书刻石。文徵明轻轻拂去这块已经残损的石碑上岁月积累的重重灰土,细细辨认却也只能依稀看出上面的字。不禁慨叹,最初宋王朝是何等的倚重岳飞,靠岳飞守住这破碎飘摇的江山,可是后来竟因为“莫须有”这三个字的罪名让他遭受无妄之灾。岳飞含冤而死,一腔建功立业、保家卫国的壮志再也没有付诸实践的可能,那边城紧急、徽钦受辱的境况又该怎么改变呢?后人都说是秦桧奸臣误国、混淆了皇帝的视听,可是历史的真相果真如此么?细究原因,其实是宋高宗不愿看到中原收复。若是一朝恢复失地,徽、钦二帝还朝,那么高宗赵构又将如何自处呢!岳飞的悲剧岂是一个小小的秦桧可以造成的,之所以佞臣得志不过是因为他们正好迎合了皇帝的心思而已。

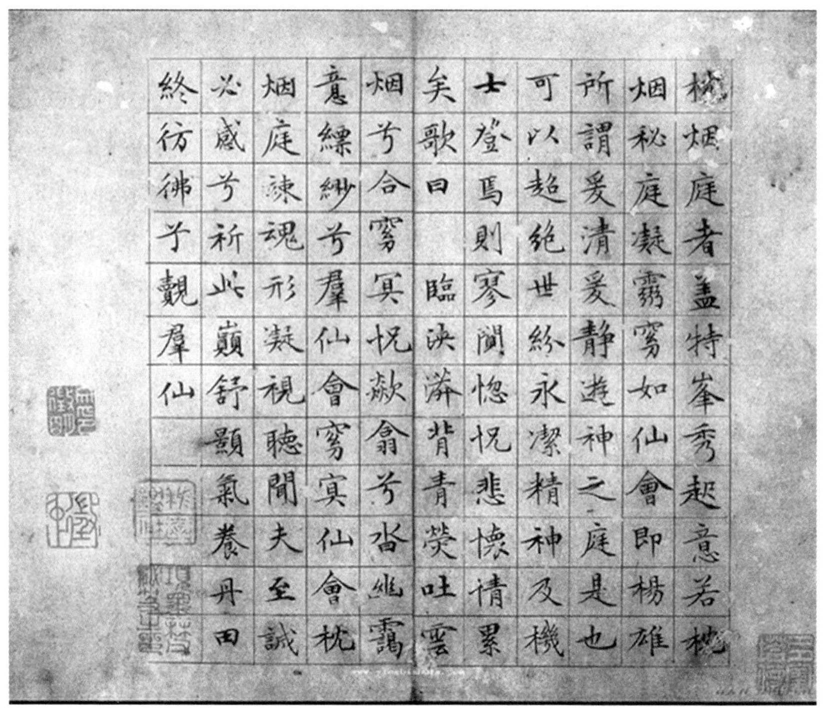

文徵明《小楷草堂十志》

世人都说岳飞的死是因为遭受秦桧、张俊等人的诬陷，以“莫须有”的谋反罪名与长子岳云和部将张宪同被朝廷杀害。可是透过历史层层迷雾，文徵明却一针见血地道出了其中真正的原因：当时自怕中原复。要看出这一点，必须得有超乎常人和冲破历史局限的眼光。俗话说“一山容不得二虎”，若是真的被俘虏的徽宗、钦宗回朝，三帝又如何能够同时容于天下。因此哪怕是国之将亡，高宗赵构依然只关心自己的个人权力、恐惧自己的帝位不保，不惜对有功之臣痛下杀手。可是，他的私心又岂能瞒住天下之人，让世人觉得既可悲、又可笑。纵然岳飞被小人所害不幸早逝，后世之人自有一番评定于心。文徵明在《题宋高宗敕岳忠武书》中说：

此宋高宗敕岳忠武书。后仅署年月，而不纪年。按此当在忠武讨兀术获胜时所降下者，故文内犹寓嘉励之意。嗟乎！倘高宗始终不为桧贼所惑，三字之狱不成，将见妖氛荡扫，何难奏凯于旦夕哉！余观此，深为忠武惜。而御书煌煌，迄今犹照耀人间。数百年余，而为勉之所宝，不可谓非厚幸也。

这块刻石按照年月推定应当是在岳飞讨伐兀术大获全胜时高宗为表示奖赏以及鼓励而赐下的，可惜高宗被佞臣迷惑，以“莫须有”的三字罪名自己掐断了这个王朝抵御外敌最后的希望。可是数百年之后，这见证着岳飞不朽功绩的御笔题字依旧煌煌于世，依旧被人珍藏敬仰。

斯人已逝，万世流芳。一代英雄岳飞、一世才子文徵明，通过《满江红》一词，亦可谓神交的知己了。

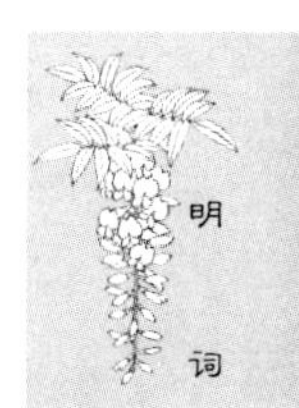

我且花前沉醉，何须日夜蝇营

——唐寅词与江南才子的花酒人生

唐寅是“吴中四才子”中名气最大、传说最多的一位，他诗文潇洒，书画冠绝，才华横溢，素以“江南第一风流才子”自诩，居四才子之首。他于明宪宗成化六年（1470）寅年寅月寅日寅时生，所以以寅为名。古时家中老大为伯，寅对应十二生肖中的虎，所以唐寅又字伯虎。他自幼天资聪敏，才华出众，熟读经史，16岁参加苏州府试，中第一名。之后唐寅整日饮酒作乐，无意仕进。20余岁时家中连遭不幸，父母、妻子、妹妹相继去世，家境衰败，在好友祝枝山的规劝下开始潜心读书。29岁参加应天府乡试，高中第一名“解元”。30岁赴京参加会试，却受到科场舞弊案牵连被斥为民。

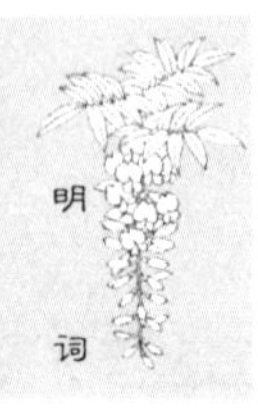

时间回到明孝宗弘治十二年（1499）春天，已中解元的唐寅信心十足地踏上了前往京城的征途。在路上，唐寅遇到了来自江阴的富家公子徐经，徐经对唐寅仰慕已久，因此两人结伴而行。到了京城后，两人就分别开始准备应考。唐寅考完后，还在等着发榜高中，结果等到的却是落榜的消息以及几个手持镣铐的差役，不由分说将他关进了大牢。这次会试的主考官是陈敏政和李东阳，试卷有一道试题很难，绝大多数考生都答不上来，只有徐经、唐寅两人文章切合题意。这事引起了其他人的怀疑，给事中华昶上疏弹劾程敏政向举子徐经、唐寅泄露试题。再加上唐寅考完之后说了一些“此科必中”之类的狂妄之语，一时间程敏政卖题给唐寅、徐经的流言蜚语遍布京师。程敏政不服，说华昶所指的那两个应考举子并没有在中举的人中。明孝宗下令让李东阳会同其他考试官进行复审，结果证明徐、唐两人果然不在录取之中。鬻题之说，查无实据，但舆论仍一片哗然。最后调查到徐经进京拜见程敏政时曾送礼，而程敏政与唐寅乡试时主考官梁储相熟，唐寅向程敏政讨要过文章。事情的结局是程敏政、徐经、唐寅以及弹劾程敏政的华昶全部受到处罚，程敏政被勒令退休，华昶奏事不实被贬官，徐经、唐寅被发充小吏，永世不得为官。

唐　寅

心高气傲的唐寅自然不甘心做一个小吏，受人驱使，心灰意冷的他回到了家乡。可是回到家之后，他才发现家里面的一切也变了。乡邻见到他不再笑脸相迎，童仆见到他不再尊敬，甚至妻子也开始恶语相向，不堪忍受的唐寅最终跟妻子反目。前途没了，家庭没了，经历了人生中最大挫折的唐寅开始以卖画为生。他用卖画的钱修了座桃花坞，桃花坞里有桃花庵，他写了首《桃花庵歌》来抒发怀抱，歌中写道“桃花坞里桃花庵，桃花庵下桃花仙；桃花仙人种桃树，又摘桃花换酒钱。酒醒只在花前坐，酒醉还来花下眠；半醒半醉日复日，花落花开年复年。但愿老死花酒间，不愿鞠躬车马前”。不愿追求功名利禄，而宁愿老死花酒间，这是唐寅之后的人生选择，而这种情怀在词里面也有表达，如《望湘人·春日花前咏怀》：

想盘铃傀儡，寒食裹蒸，曾尝少年滋味。冻勒花迟，香供酒醒，又算一番春计。镜里光阴，尊前明月，眼中时事。有许多闲事闲非，我说与君君记。　　道是荣华富贵，恁掀天气概，霎时搬戏。看今古英雄，多少葬身无地。名高惹谤，功高相忌。我且花前沉醉，管甚个兔走乌飞，白发蒙头容易。

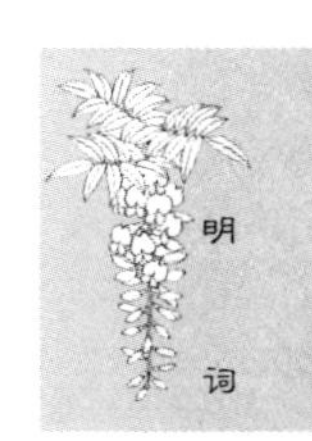

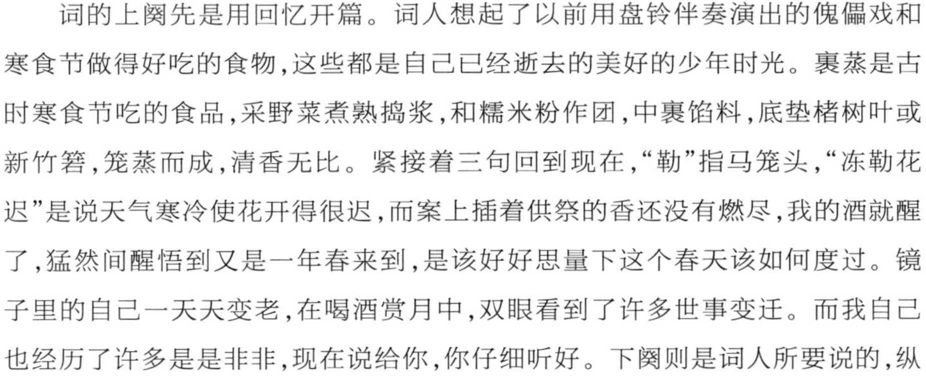
词的上阕先是用回忆开篇。词人想起了以前用盘铃伴奏演出的傀儡戏和寒食节做得好吃的食物，这些都是自己已经逝去的美好的少年时光。裹蒸是古时寒食节吃的食品，采野菜煮熟捣浆，和糯米粉作团，中裹馅料，底垫楮树叶或新竹箬，笼蒸而成，清香无比。紧接着三句回到现在，“勒”指马笼头，“冻勒花迟”是说天气寒冷使花开得很迟，而案上插着供祭的香还没有燃尽，我的酒就醒了，猛然间醒悟到又是一年春来到，是该好好思量下这个春天该如何度过。镜子里的自己一天天变老，在喝酒赏月中，双眼看到了许多世事变迁。而我自己也经历了许多是是非非，现在说给你，你仔细听好。下阕则是词人所要说的，纵使荣华富贵，即使气势冲天，也会像演戏一样很快结束。纵观古今英雄，有多少人死无葬身之地。名气太大就会招人诽谤，功名过高就会惹人嫉妒。古往今来，概莫能外。既然如此，我还是在花前尽情地饮酒沉醉吧，不管那些兔走乌飞、时光飞逝、红颜易老、白发欲生。

唐寅《仕女画》

同样的怀抱在《江南春·次倪元镇韵》词中也有体现：

梅子堕花菱孕笋，江南山郭朝晖静。残春鞋袜试东郊，绿池横浸红槁影。古人行处青苔冷，馆娃宫锁西施井。低头照井脱纱巾，惊看白发已如尘。　　人命促，光阴急，泪痕渍酒青衫湿。少年已去追不及，仰看乌没天凝碧。铸鼎铭钟封爵邑，功名让与英雄立。浮生聚散是浮萍，何须日夜苦蝇营。

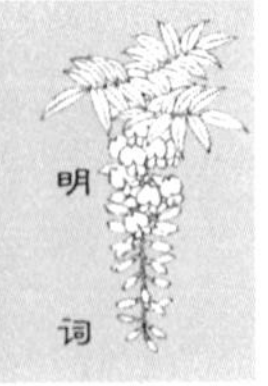

词的上阕主要写江南春景，从最后两句低头照井看到水中白发如尘开始，转入了下阕的抒怀。“青衫湿”很容易让人想到唐代诗人白居易《琵琶行》中的“座中泣下谁最多，江州司马青衫湿”。《琵琶行》抒发了白居易“同是天涯沦落人”的失意之悲，唐寅用此典故也抒发了同样的情怀。人生短暂，时光匆匆，而自己一事无成，过去的时间已然无法追回。建功立业、封侯授爵就留给那些英雄去实现吧。人生像浮萍一样漂泊不定，聚散无踪，无法把握自己的命运，那又何必日夜苦苦营求呢。这首词虽然没有直接道出“我且花前沉醉”的人生选择，但对追求功名利禄的否定却是相同的。就这样，高唱着“别人笑我太疯癫，我笑他人看不穿”的唐寅，成了我们后人心目中那个放浪行迹的风流才子。

唐寅此后潜心书画，成就非凡。他擅长山水、人物、花鸟画，书法则取法赵孟頫，风格奇峭俊秀。诗文亦工，多纪游、题画、感怀之作，词有三十多首，题材和诗相类。由于后期生活狂放，唐寅有一些比较香艳的词，如《如梦令》“昨夜八红沉醉，连我大家同睡。孤凤入鸾群，闹杀不容成配。欢会，欢会，竟做一场空退”，《一剪梅》“春来憔悴欲眠身，尔也温存，我也温存。纤纤玉手往来频，左也销魂，右也销魂”等，描绘出了他纵情声色、留恋温柔乡的情形。

然而，唐寅并没有完全放弃进取之心。正德九年（1514），宁王朱宸濠聘请唐寅入幕，唐寅欣然而往。老天爷似乎跟他开了个玩笑，后来事实证明这并不是什么好机会。宁王对唐寅倒是礼遇有加，可是唐寅后来发现宁王囤积粮草、兵器，图谋不轨，他只想入仕做官，并不想造反。但是知道了宁王那么多机密，想要一走了之却没那么简单。在这生死攸关的时刻，唐寅想到了一个方法——装疯。一旦决定下来，唐寅就开始装疯卖傻，甚至不惜在大街上裸奔，败坏宁王声誉。在南昌呆了半年多时间，唐寅终于得以脱身而归。回到苏州几年后，宁王果然开始造反，并很快被王阳明击败，唐寅凭借自己的装疯躲过了杀身之祸。

回到苏州之后，唐寅的思想日趋消沉，转而信佛，自号“六如居士”，“六如”出自《金刚经》：“一切有为法，如梦幻泡影，如露亦如电，应作如是观。”北宋苏东坡的侍妾朝云崇信佛法，很喜欢这几句经语，临终诵读而死。朝云死后葬在惠州栖禅寺，寺中僧人为建“六如亭”保护墓碑。佛教认为万法皆空，所有东西都虚幻不实，就像梦、幻、泡、影、露、电这六种自然现象。唐寅以此为号，也代表了他对人生的认识。之前的经历对他来说就好像做了两场噩梦，梦醒之后依然得继续自己的生活，他继续卖画为生，并于明世宗嘉靖二年（1523）病逝。唐寅死后，关于他的传说故事越来越多，并以“唐伯虎”这一名字成了后世几近家喻户晓的传奇人物。

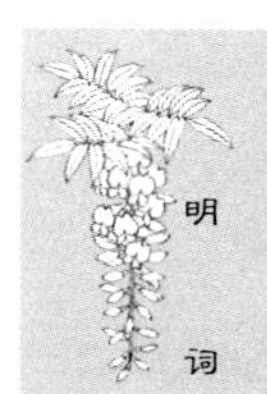

孤忠久被奸邪妒，君恩深重难抛去

——夏言的《渔家傲》

夏言(1482—1548)，字公谨，江西贵溪人。生性机警敏捷，擅长写文章。十八岁时，夏言读书过目不忘，父亲说哪本书值得一看，他就会去找那本书来读。明武宗正德十二年(1517)中进士，初任兵科给事中，以正直敢言自负。明世宗朱厚熜继位，夏言上疏指陈明武宗朱厚照时弊政，受到明世宗赏识。官至太子少师、吏部尚书、华盖殿大学士，居内阁首辅。后为严嵩诬陷，弃市而死。夏言诗文宏整，又以词曲擅名。有《桂洲集》。其词有《玉堂余兴》《元相桂翁词》等集，共三百余首，多应酬之作，如赠行、祝寿、进呈皇帝等，比较好的是那些抒怀之作，如《渔家傲·感怀丁酉七月》：

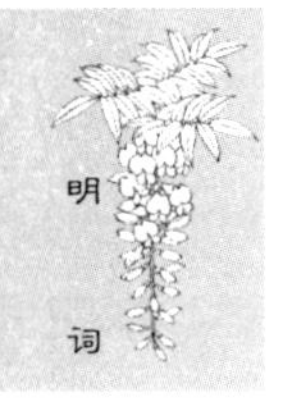

一介书生逢圣主，十年谏草人争睹。满目风波浑不顾。思砥柱，也曾独遮狂澜住。　　孤忠久被奸邪妒，君恩深重难抛去。明日辞官还上疏。天应许，白圭免受青蝇侮。

这是明世宗嘉靖十六年(1537)夏言所写的一首词。“一介书生逢圣主，十年谏草人争睹”两句是夏言对自己从政经历的一个回顾。古代读书人的理想是能遇到一个赏识自己的明君圣主，辅佐他们施展自己的政治才能，如唐代诗人杜甫所言“致君尧舜上，再使风俗淳”。当然，绝大多数人的理想并没有实现，而幸运的是夏言遇到了这个圣主，那就是明世宗朱厚熜。夏言虽然于明武宗正德十二年(1517)考中进士即进入仕途，但真正在朝廷中得到重用是明世宗嘉靖七年(1528)的议礼。世宗皇帝想要改进礼制，认为以前将天地放在一齐祭祀不合礼制，应该分开祭祀。这一想法并没有得到时任内阁首辅张孚敬的支持，明世宗去祖庙占卜得到的结果也是改制不吉，正在他打算放弃这一想法的时候，恰好夏言上疏请求分祀天地。许多大臣反对夏言的上疏，张孚敬也责难他，并且指使死党霍韬弹劾夏言。皇帝看到霍韬奏折，勃然大怒，下令将霍韬关进监狱，而下旨奖赏夏言，升任他为四品侍读学士。夏言眉目舒朗俊秀，胡须很好看，给皇帝讲课时声音洪亮，不带方言口音，甚得世宗喜爱，决定重用他。此后，夏言开始步步升迁，一步一步走上朝廷权力核心，最终于嘉靖十五年(1536)入内阁，不久擢为首辅。从得到世宗赏识到写这首词经过了十年时间，在这段时间里，夏言不断地向皇帝进谏，同意见不合的大臣辩论，这些人人都亲眼看见。夏言能言善辩，文笔犀利，后世的许多言官都十分仰慕他。但他为人豪迈强直，为官多年也得罪了许多人。所以词紧接着写"满目风波"，"风波"指政治斗争中的险恶风波，面对这些夏言浑然不顾。他希望自己做一个中流砥柱，在国家危难时刻独挡风雨、力挽狂澜。夏言的其他词中曾以北宋范仲淹自比，范公"先天下之忧而忧，后天下之乐而乐"之语体现了古代士大夫以天下为己任的高尚情操，夏言也是一个有着范公之忧的书生。

词的下阕笔锋一转，生性耿直、公而忘私必然会得罪许多奸邪小人，遭到他们的嫉妒诬陷，夏言说我早就想辞官回家，只是因为皇帝待我的恩情很深，才不忍离去。宦海沉浮，尔虞我诈，夏言入仕二十年对世态人情已经有了很深的了解，如《满江红》词所说"到于今、把世态人情，看教熟"。在《浪淘沙令》一词中，对世态人情有集中的表现：

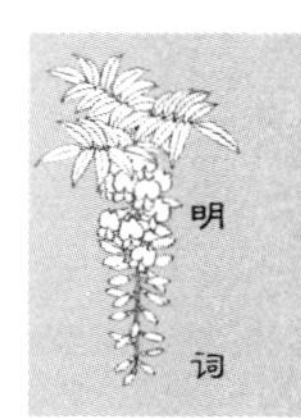

> 世事信难凭。堪叹人情。一团笑里暗藏兵。只为区区微得失，丧了平生。　　日夕苦蝇营。开阖纵横。等闲蜗角便相争。开口向人谈义利，那个分明。

夏言所看到的世态人情是什么呢？笑里藏刀，表面笑脸相迎，却在背后捅刀子，为了一些微小的得失去害人，当然有时候害人不成反而害己。太多的人为追求名利像苍蝇一样每天到处飞逐，苦苦营求。《庄子》中讲过一个故事，传说有一个国家建立在蜗牛角上，右角上的叫蛮氏，左角上的叫触氏，双方常为争地而战，伏尸数万。后世遂以"蜗角"来比喻微小之地。北宋苏东坡

夏 言

《满庭芳》词写道"蜗角虚名，蝇头微利，算来着甚干忙"，把功名利禄比作蜗角蝇头，微不足道，为了追求这些整日奔忙，到头来多半是虚幻一场。儒家重义轻利，读儒家经典长大的那些人大多口口声声仁义道德，但很多人却是表面重义暗中逐利。汉代史学家司马迁《史记》有言"天下熙熙，皆为利来；天下攘攘，皆为利往"。夏言看透了唯利是图、虚伪狡诈的世态人情，所以他也想远离朝廷，过"酌酒花前，放歌溪上，不管青山暮"(《摸鱼儿》)的生活。《渔家傲》词最后三句"明日辞官还上疏，天应许，白圭免受青蝇侮"再次重申了这种意愿，我明天就要上疏辞官回乡，相信皇帝一定会批准。"白圭"是洁白无瑕、晶莹剔透的玉，象征夏言自己，青蝇指那些奸邪小人，如果能辞官回乡，夏言就不会受到奸邪小人的侮辱陷害。这首词既写出了词人的一片忠贞，又道出了归隐之思，然而夏言最终并没有归隐，等待他的是弃市而死的结局。

夏言之后出任礼部尚书的是大名鼎鼎的明代大奸臣严嵩。严嵩是江西分宜人，与夏言是同乡，夏言得势时，严嵩拼命讨好夏言。有一次严嵩邀请夏言去他家中赴宴，被拒绝，就跑到夏言家门前，撩起衣袍，长跪不起，直到夏言实在不好意思只能答应赴宴。从此之后，严嵩对夏言更是恭谨，夏言也开始重用严嵩，有了他的引荐，严嵩步步高升，并得到世宗皇帝的喜爱。夏言升任内阁首辅之后，就推荐严嵩接任他的礼部尚书之位。

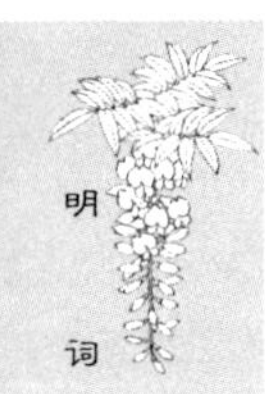

当严嵩逐渐羽翼丰满之后，就开始露出了狰狞的爪牙。夏言是一个有良知、有原则的人，他清正廉洁，不畏权贵，甚至会反驳上级意见，违背皇帝旨意。而他的良知与原则，正好被没有良知与原则的严嵩所利用。明世宗沉迷于道教，为了显示自己的虔诚，每次上朝时不戴皇帝金冠，而改戴道士的香叶冠，此外，他还特意亲手制作了几顶香叶冠，赐予夏言、严嵩等亲近大臣。夏言对世宗皇帝沉迷道教本来就不太认同，觉得身为朝中大臣，上朝不戴官帽而戴香叶冠成何体统，所以他从来不戴。但是严嵩每次出朝都会戴此冠，还特地用轻纱笼住以示郑重，世宗皇帝看了之后开始喜欢严嵩而讨厌夏言。对于国家来说，宦官专政危害甚大，到夏言这时候，明朝已经出了王振、刘瑾两个祸国殃民的大宦官，因此夏言进阁后压制宦官，而严嵩却处处讨好宦官，见面之后执

明世宗朱厚熜

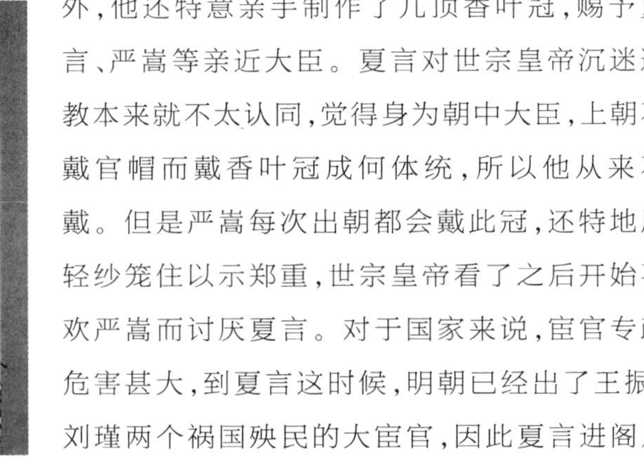

严 嵩

礼甚恭，并经常给他们送些钱财。所以，世宗身前的宦官按严嵩之意，常常说夏言的坏话，时间一长，夏言渐渐失去了宠信，接二连三地遭受斥责。就这样，夏言逐步遭到严嵩排挤，嘉靖二十一年（1542）被罢黜。

夏言被罢后，严嵩开始为所欲为。严嵩和吏部尚书许赞、礼部尚书张璧一起辅政，但世宗有什么事情只召严嵩。三年后，许赞以老病辞官，张璧去世，内阁无人，世宗皇帝又想起来夏言，再度起用。但后来的事实证明，这次起用对于夏言来说是祸非福，终于招来灭顶之灾。严嵩对夏言怀恨在心，处心积虑地想要置他于死地。

嘉靖二十三年（1544），鞑靼入侵河套地区（今宁夏及内蒙古贺兰山一带），陕西总督曾铣发兵夺回河套，并上呈奏疏，建议修筑边墙，水陆并进，逼鞑靼退兵，此举得到夏言的支持。夏言向朝廷举荐曾铣，并与之商讨计划。严嵩买通皇帝身边的太监，让他们进谗言说曾铣此举是轻易地挑起边界战争，并指使边将仇鸾诬告曾铣掩败不报、克扣军饷、贿赂夏言。严嵩更在世宗面前说夏言、曾铣两人是边将结交内阁大臣，有图谋不轨之心，明世宗听后雷霆震怒，立刻下令将夏言关进监狱。嘉靖二十七年（1548），夏言被杀，一代名相的生命走到了终点。

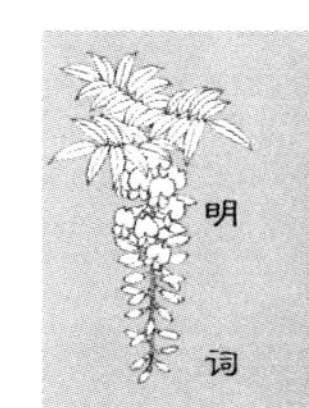

青山好，欲归便得

——陈霆的《满江红》

众所周知，明朝中后期宦官乱政，在明武宗年间就有一个叫刘瑾的太监权擅天下。据《明史》载，在一个盛夏酷暑的时节，有人匿名上奏向皇帝揭发刘瑾的不法之事。刘瑾知道了就伪造皇帝的旨意召集众臣跪在奉天门前，自己站在门边诘难那些大臣，等到了黄昏时分把所有五品以下的官员都收捕入狱。到了第二天刘瑾听说了这封信并不是外臣所写，方才释放了那些官员们。可是因为天气酷热，主事何釴、顺天推官周臣、进士陆伸已经因为中暑而死。刘瑾的专权并不限于此，在都指挥这个官职之下通过贿赂刘瑾请求升迁的，刘瑾只要在纸上写上给这个人什么官，兵部没有敢不奉行的；有镇守边疆的官员违反军规理当受到惩罚的，只要给刘瑾贿赂就可免罪，甚至还有因此升官的……

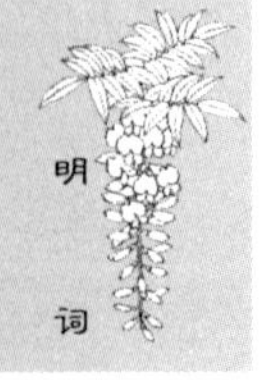

词人陈霆一生的仕途起伏也与宦官刘瑾息息相关。据民国刘承干所撰写的《吴兴丛书跋语》："水南一字声伯，为刑科给事中，抗直敢言，以忤逆瑾，逮狱、廷杖，目为朋党，谪判六安州。瑾诛，复起，历迁山西提学佥事，以师道自任，士习丕变。"陈霆与徐昂、陶谐等人不满于刘瑾只手遮天的权势，因为忤逆了刘瑾的意志被逮捕入狱、廷杖三十，正德元年（1506）被贬谪为六安州判官。等到了正德五年（1510），刘瑾因为谋反斩首伏诛，陈霆才得以复官，后来又任山西提学佥事，他重视尊师的风尚，所到的地方士人的风气因此大变。但是在宦海沉浮后，他选择了退隐山林，在嘉靖年间即使多次被举荐也坚持不肯出仕，隐居在渚山四十年，著述达到百余卷，有诗话、词话等。

自古以来文人士子大多面临着出世与入世之间的矛盾，既有杜甫那样"致君尧舜上，再使风俗淳"的积极入世思想，也有像陶渊明那样"采菊东篱下，悠然见南山"的出世思想。而陈霆选择的是出世，余生随心而为，不受权力的束缚。他曾经先后作两首《满江红》以明此志：

归去来兮，怀归意、几人知得。寻思起、前年江海，去年京国。奔走隙驹春梦路，飘零海燕秋风客。念家山、松径久荒芜，疏三益。

风流散，音尘没。身世在，江山隔，遣何人、杏花影里，月明吹笛。红雨等闲花事尽，青铜容易霜华入。被雁声、报到塞门秋，听嘹呖。

归去来兮，青山好、欲归便得。人世事、风前灯焰，梦中槐国。驿马出门尘土路，舫斋听雨江湖客。把十年、忙冗换清闲，嗟何益。

太行岭，孤云没。江南梦，重山隔。有何人、五湖烟棹，洞庭霜笛。宝剑醉看豪气在，银屏晚怯秋风入。向中宵、无意更闻鸡，空咿呖。

《归去来兮辞》是东晋陶渊明所作的抒发离开仕途、回归田园生活之意的辞赋，开头便云："归去来兮，田园将芜胡不归？"陈霆也有着同样的感慨，想起家乡的松林小径恐怕无人打理、荒芜已久，又有谁能够理解自己的思归之情呢。可是既然怀有此意不如就顺从心意，归于田园。就如同范蠡那样功成而身退，泛舟于五湖之上，好不惬意。据《晋书·张翰传》记载，西晋文学家张翰任大司马之时有一天看到秋风渐起，转而开始怀念自己家乡的物产菰菜、莼羹、鲈鱼脍，说："人生贵在能随心所欲，怎么能羁留于家乡千里之外而一味地追求功名利禄呢？"于是就驾着车返回家乡去了。有人劝他："您只顾着一时的快意，就不注重百年之后在世间能否留下清名了吗？"他回答说："追求身后的名声还不如此时享用的一杯美酒。"当时的人们被他的旷达所折服，称他为"达生"。

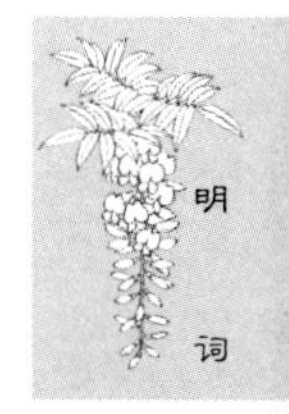

陈霆也是如此，在短短八年左右的仕宦生涯后回到家乡隐居将近四十载，悠然自得的做自己喜爱的事情，追求内心的平和。他所著的《渚山堂词话》卷二中云："予性闲退，平生宦历，遇林壑美处，辄飘然起挂冠之兴。忆曩昔董学太原，或日秋仲，西风飒然，木叶飘脱，而目送飞鸿，声堕层汉间。不觉感陶令、张翰事，作《满江红》云云。既后，督视至徐沟县，夜坐有感，复次前韵，书院壁云云。是岁冬，予以心疾，移疾卧斋中。既逾月，朝旨竟下，许还籍致仕，盖事兆之应，去作词之月日无几，咄咄真怪事哉！"陈霆说自己生性喜欢惬意自适的生活，在为官期间每次看到好看的风景就不由得会萌生辞官退隐之意。一日看见秋风飒飒、草木凋零、飞鸿远去，不由得对陶渊明、张翰有所感怀，作《满江红》一首。后来到徐沟县督查，夜里又有所感想，按照先前《满江红》的韵又作了一首词。没过多久，朝廷居然下旨准许自己辞官还乡，应了自己词中的心思，也真是一件怪事呀。

能像陈霆这样不追求权势，安于隐居生活的文人在历史上实在不多。但是留在官场的人却有很多不得意甚至遭到政治的迫害，鲍照在《拟行路难》中就有说过“自古圣贤尽贫贱”，李白在《行路难·其三》也写道：“吾观自古贤达人，功成不退皆殒身。”许多士人都在出世与入世之间艰难地抉择，而陈霆选择了像张良、范蠡那样勇退于激流之中，余生与书香做伴、与青山为伍，以此终年。古人认为有“三不朽”之事，分别是“立德”“立功”“立言”，陈霆一生勤于学问，存《渚山堂词话》等对后世影响颇为深远，也可谓立言于后世了。

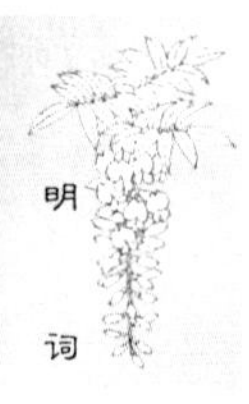

一梦今日负平生

——王世贞的《水调歌头》

王世贞(1526—1590),字元美,太仓人,右都御史王忬之子。王世贞喜欢写诗作古文,在京城做官时,加入了王宗沐、李先芳、吴维岳等人创立的诗社。又与李攀龙、宗臣、梁有誉、徐中行、吴国伦这些人相互唱和,他们都支持“前七子”何景明、李梦阳的文学主张,王世贞因为具有极高的文学才能而声名日盛。

王世贞

明代“后七子”以李攀龙、王世贞为首,持“文必西汉,诗必盛唐”的创作主张。据《明史·王世贞传》载:“世贞始与李攀龙狎主文盟,攀龙殁,独操柄二十年。才最高,地望最显,声华意气,笼盖海内。一时士大夫及山人、词客、衲子、羽流,莫不奔走门下。”可见王世贞的在晚明文坛的巨大影响力以及文坛领袖地位,当时的文人墨客无不以投奔在王世贞的门下为荣。

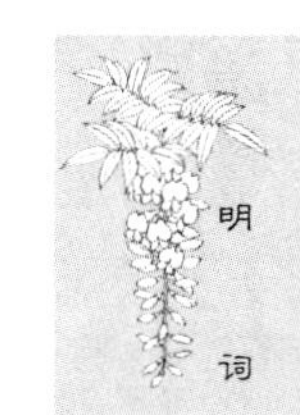

史书称王世贞“生有异禀,书过目,终身不忘。年十九,举嘉靖二十六年进士。授刑部主事”。王世贞具有读书过目不忘的天赋,十九岁就考中了进士,被任命为刑部主事官。在明代,贡士经殿试后,及第者都被赏赐出身,称为进士,中进士者即可封官授爵。在隋唐科举制建立完善起来之后,科举考试对于寒门子弟来讲是改变命运的极其重要的一个途径,有诗云“朝为田舍郎,暮登天子堂”,早上还是埋头田间的一介布衣,通过科举考试晚上就有可能成了天子堂上客。一旦金榜题名,及第者的心态不免如唐代诗人孟郊《登科后》一诗中所云“春风得意马蹄疾,一日看尽长安花”那样了。也就无怪乎《儒林外史》中的范进，三十五年的科举生涯屡屡落第，一朝中举竟然喜极而疯。王世贞以未及弱冠之龄而举进士，真是少年得志。恰逢上巳清明，此时意气风发的王世贞写了一首《水调歌头·上巳日清明》词：

三月又三日，上巳复清明。问君几许高兴，儿女队中行。数点洗尘芳雨，一脉养花天气，信马出郊坰。年少五陵子，金弹逐流莺。

过油壁，低粉面，按银筝。管弦丝竹何限，应自胜兰亭。共酌几杯春醑，也插一枝杨柳，归袖任纵横。

《论语》有言："暮春者，春服既成，冠者五六人，童子六七人，浴乎沂，风乎舞雩，咏而归。"暮春，即农历三月，有丘迟的《与陈伯之书》中"暮春三月，江南草长，杂花生树，群莺乱飞"为证。三月初三的上巳节在古代颇类今日的情人节的地位，在严守礼教的古代社会，"大门不出、二门不迈"的女性在这一天可以自由地出门，去水边宴饮、郊外春游，享受难得的踏出朱门欣赏草长莺飞、无限春光的机会。此时王世贞也在如丝春雨、明媚春光之中信马由缰地去春郊游玩，一路上但见少年持着金弹弓射飞莺、油壁香车之中面容姣好的女子低眉弹琴，真是一片烟柳繁华地、富贵温柔乡呀。少年心性的王世贞恍惚以为此情此景当胜兰亭盛会，在管弦丝竹之声中与友人共酌几杯春酒，信手插一枝春柳，好不自在得意。

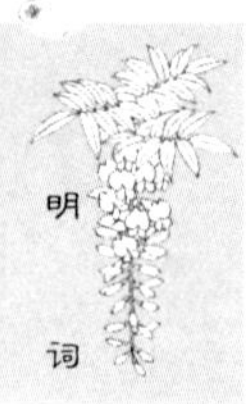

然而好景不长，盛筵难再，十四年后虽又逢上巳清明节，王世贞却是另一种截然不同的心性，真是百般滋味在心头了。王世贞恃才傲物，屡次忤逆当时的权相严嵩。有一次，王世贞替弹劾严嵩而被判处死刑的杨继盛的妻子拟讼状，杨继盛没有得救依然被处死后，世贞又为他收殓。严嵩因此很不高兴，从中作梗，使得吏部两次想要任王世贞为提学御史都没能成功，最后只能让他出任青州兵备副使。嘉靖三十八年(1559)，王世贞父亲王忬因为泺河失事，被严嵩陷害判死刑。王世贞和弟弟王世懋天天蒲伏在严嵩门外，流着眼泪乞求严嵩赦免他们父亲的死罪。严嵩掌握着王忬的案子，却经常用宽慰的话骗世贞兄弟。他们兄弟二人没有办法，只能每天穿着囚服跪在路边拦住权贵们的轿子，求贵人们施以援手。但是当时显贵们都畏惧权势滔天的严嵩，不敢为王忬求饶，王忬最终在西市被处死。王世贞兄弟二人哀痛欲绝，三年只吃蔬食，不进内寝休息，待三年丧期满后，他们二人依旧穿草鞋布衣，不赴宴会。

十四年后，又是上巳清明节。此时官场失意、正居父丧的王世贞又作了一首《水调歌头》，其序云："记丁巳清明为上巳，予与同人出游西郊，杯酒落魄，颇谐幽兴，遂成《水调歌头》一阕。今为庚申，十又四年矣。复遇上巳前一日清明，偶与张郎及一二兄弟，信步旧游，虽风景不殊，而憔悴非昔，幽忧带结，徒增凄怆。因复按前调，遂成一词，并书遗张郎及一二兄弟，庶有和者，消予磊块哉！"词曰：

迟日卷残雪，蒲柳弄新晴。满城儿稚欢笑，为我报清明。花破青楼冶女，草媚上阑游骑，金粉出辎軿。几处上坟返，香泪湿盈盈。

对新景，追往事，叹飘零。十年回首，一梦今日负平生。依旧禁烟时月，也解来朝修禊，憔悴不胜情。满眼夕阳色，都在汉宫城。

王国维《人间词话》中说"以我观物，则万物皆着我之色彩"，所以王世贞触目之景，无不含带衰蔽之色，连昔日的粉面女子今夕都是梨花带雨泪盈盈。下片由景入情，回首往昔，不禁一叹飘零。往事依稀浑若一梦，想到自己已过而立之年却依旧无所建树，又逢清明凭吊自己含冤过世的父亲之时，此中滋味，有悲？有愤？只恐怕五味杂陈，难以外道，只能轻言一句"满眼夕阳色，都在汉宫城"了。这一情景与南宋辛弃疾词中所言"而今识尽愁滋味，欲说还休。欲说还休。却道天凉好个秋"颇为相似。

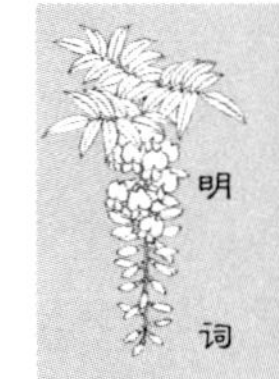

北宋文学家苏轼诗中有一句"人似秋鸿来有信，事如春梦了无痕"，浮生一梦，抑或是梦亦人生？少年到中年区区十四年的光景，竟已是世事变幻，坎坷波折，但如果没有这些沉浮，王世贞也未必是今日的王世贞了。及至隆庆元年(1567)八月，王世贞兄弟为父亲申冤，王忬得以平反复官，世贞也被推荐以副使之职掌管大名，后来官职调动任浙江右参政、山西按察使，又历任广西右布政使，入京为太仆寺卿。如果他回想起庚申年的上巳清明，恐怕又是另一种滋味在心头，或许会感叹今朝亦如梦吧。

名家佳作　词史嬗演

词体肇源于唐，大盛于宋，中兴于清，明词历来不被人所重。然而明词作者有一千三百余家，词作二万余首，如此多的词人与词作，在词史上不应被忽略。同时明代也涌现出来杨基、陈铎、杨慎、王世贞、陈子龙等名家，一些作品达到了相当高的水准。同时，明词的发展过程中还出现了一些值得注意的文学现象，如词的曲化、追摹前人等，这些都应该引起我们的注意。

清新雅令，饶有新致

——杨基的《眉庵词》

杨基(1326—1378)，字孟载，号眉庵，先世为蜀嘉州(今四川乐山)人，生于吴中(今浙江湖州)。杨基从小颖悟绝人，据其《梁园饮酒歌》所说，他两岁能诵诗，四岁能识字，五岁通晓格律，可以当着客人面很快地作出一首四韵律诗，九岁读完《六经》，掩卷即可背诵如流。杨基年轻时即负诗名，元末著名的大诗人杨维桢来吴中，戏以所号“铁笛”为题让他赋歌。杨基回答说：“不惟能歌，尤且效‘老铁体’”。第二天，杨基写好呈给杨维桢，杨维桢大惊，说：“吾意诗径荒矣，今老铁当让子一头地。”所以当时有“老杨”“小杨”之称。杨基诗风清俊纤巧，因写有《春草》一诗，被人称为“杨春草”，因五言律诗《岳阳楼》境界开阔，被人称为“五言射雕手”。与高启、张羽、徐贲齐名，号“吴中四杰”。著有《眉庵集》十二卷，补遗一卷。

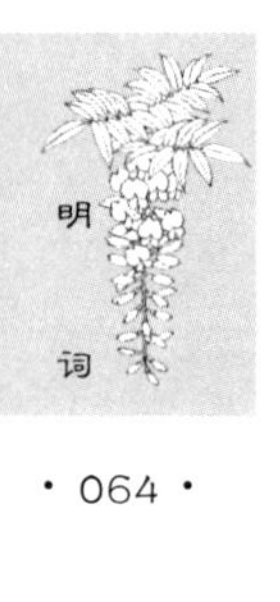

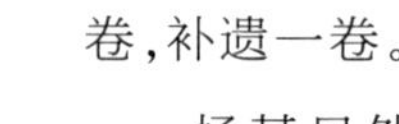

杨基

杨基虽然以诗得名，但他同样是明初最重要的词人之一，清人田同之《西圃词说》即指出明初主要的词人是杨基、高启、刘基。杨基的《眉庵集》中有词七十一首，民国赵尊岳《明词汇刊》把这些词称为《眉庵词》，并认为杨基的词“清新雅令，间失之弱，而不伤靡”。如这首《清平乐·折柳》：

欺烟困雨，拂拂愁千缕。曾把腰肢羞舞女，赢得轻盈如许。　犹寒未暖时光，将昏渐晓池塘。记取春来杨柳，风流正在轻黄。

第一句“欺烟困雨”是“烟欺雨困”的倒装，化用了南宋词人史达祖《绮罗香·咏春雨》中的“做冷欺花，将烟困柳”，新颖别致。杨柳依依，丝丝缕缕，像人心头的万千愁绪，无端而来，无由而去。杨柳轻盈，胜过婷婷袅袅的细腰舞女。这么婀娜多姿的杨柳，只在犹寒未暖的时候，只在将昏渐晓的池塘。明人陈霆《渚山堂词话》认为这首词“状新柳妙处，数句尽之，古今人未曾道着。歌此阕者，想见芳春媚景，暝色入帘，残月戒曙，身在芳塘之上，徘徊容与也”。唐代诗人虽然有“最是一年春好处，绝胜烟柳满皇都”“诗家清景在新春，绿柳才黄半未匀”的诗句，但都是泛言，没有像杨基这首词将新柳刻画得细致入微。这首词歌咏杨柳，虽然没什么豪放之致、悲慨之气，但是也非靡靡之音，全词清丽典雅，饶有新致。

杨基的词有很多写男女离别相思之情，如《如梦令》“多少梦中人，尽被春风吹觉”，《千秋岁》“夜长春梦短，人远天涯近。庭院晚，一帘风雨寒成阵”，《点绛唇》“柳上眉边，那时庭院初相遇。杜鹃啼处，蓦地抛人去”，缠绵悱恻，但同样清俊可喜。赵尊岳即认为杨基的词“缠绵中有清气，亦词家之上流也”。南宋词人姜夔的词清空骚雅，推崇学习他的词人很多。清人朱彝尊认为杨基的词就是出之于姜夔，杨基之后，明代能得到姜夔词精旨的就非常少了。

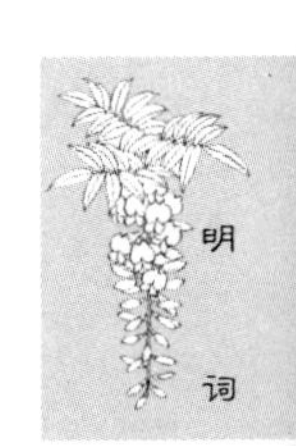

明词曲化的先声

——瞿佑的《乐府遗音》

瞿佑(1347—1433),"佑"一作"祐",字宗吉,号存斋,钱塘(今浙江杭州)人。先后经历元顺帝以及明洪武、建文、永乐、洪熙、宣德两代六朝,享年八十七岁。瞿佑博学多才,风致俊朗。14岁时其父友人张彦复即兴以鸡为题,让他赋诗。瞿佑当即脱口吟道:"宋宗窗下对谈高,五德名声五彩毛。自是范张情义重,割烹何必用牛刀。"四句诗有了四个鸡的典故,格律工整。张彦复称赞不已,写了首咏桂之诗赠给瞿佑:"瞿君有子早能诗,风采英英兰玉姿。天上麒麟原有种,定应高折广寒枝。"瞿佑的父亲于是建了一个"传桂堂"。22岁时,著名诗人杨维桢至钱塘,以所作《香奁八题》出示,瞿佑即席奉和,杨维桢看了和诗之后,感慨道:"此瞿家千里驹也!"瞿佑与当地文人凌云翰亦是忘年交。凌云翰曾作咏梅词《霜天晓角》、咏柳词《柳梢春》各一百首,号"梅柳争春",瞿佑一日之内全部作和,凌云翰惊叹不已。

洪武十一年(1378)瞿佑以明经荐,先后官仁和、临安、宜阳训导,升为国子助教,官至周府右长史。明成祖永乐年间,因诗获罪,谪戍保安(今河北怀柔)十年。洪熙元年(1425)英国公张辅奏请赦还,先在英国公家主持家塾三年,后官复原职,不久归居故里,以著述度过余年。瞿佑多才多艺,著述等身。他既是明初著名的小说家、诗人,同时也是一位卓有成就的词人。瞿佑所作词见载于《乐府遗音》,现存一百余首。

瞿佑的词有较多的曲化痕迹,据张仲谋先生《明词史》研究,凌云翰词里较早出现散曲化倾向,并影响了瞿佑。瞿佑在词的曲化进程中,比前代人或同代人走得更远一些。那瞿佑词的曲化究竟体现在哪些方面呢,先来看他的一首词《一剪梅·舟次横塘书所见》:

水边亭馆伴晴沙，不是村家，恐是仙家。竹枝低亚柳枝斜，红是桃花，白是梨花。　敲门试觅一瓯茶，惊散群鸦，唤出双鸦。临流久立自咨嗟，景又堪夸，人又堪夸。

这首词的格律和宋代词人所写的《一剪梅》相同，也就是说我们说的曲化不是格律方面，主要是语言和风格方面。《一剪梅》这个词牌在宋代有很多名篇，如李清照所写：

红藕香残玉簟秋。轻解罗裳，独上兰舟。云中谁寄锦书来？雁字回时，月满西楼。　花自飘零水自流。一种相思，两处闲愁。此情无计可消除，才下眉头，却上心头。

蒋捷所写：

一片春愁带酒浇，江上船摇，楼上帘招。秋娘容与泰娘娇，风又飘飘，雨又萧萧。　何日云帆卸浦桥，银字筝调，心字香烧。流光容易把人抛，红了樱桃，绿了芭蕉。

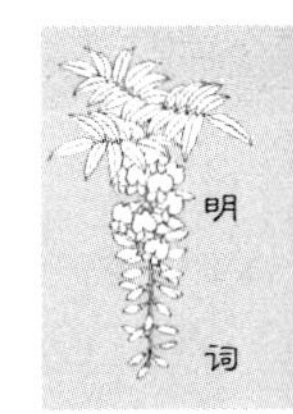

通过这三首词的对比，可以发现，瞿佑的遣词造句更俗，甚至有些油滑，词句直白，意境不够含蓄蕴藉。曲化倾向是瞿佑词的普遍现象，如《生香子·春词》"无人独倚阑，胆小多惊怕"，《西江月·甲午元夕》"疏星淡月弄辉光，做个元宵模样"等。李清照的词里也有完全口语的句子，但用到她的词中会显得清新典雅，如"试灯无意思，踏雪没心情""守着窗儿独自怎生得黑"等，瞿佑词中的口语则给人一种很俗的感觉。庆振轩先生《唐宋词研究与欣赏》序言里分析了词与曲在风格上的区别：词贵雅，曲尚俗；词贵含蓄蕴藉，曲尚刻露直率；词忌纤巧，曲贵尖新；词忌油滑，曲时带诙谐。用这些区别再来观照瞿佑的词，我们就能很清晰地看到瞿佑词中的曲化痕迹。也无怪乎陈霆《渚山堂词话》评价瞿佑词"视宋人风致尚远"。

雍容华贵，娟秀绝伦

——明代的帝王词

明代词史上有一类特殊的创作群体，那就是皇帝。虽然明代没有出现一位像南唐后主李煜那样精擅写词的帝王，但是多位帝王也创作出了一些有特色的作品。

开国皇帝太祖朱元璋，给我们留下了一首缺调名的词。据《金坛县志》记载，元至正十六年(1356)朱元璋东征，曾驻扎在江苏金坛城南顾龙山，夜宿禅房，即兴赋词一首，后人将其刻在石碑上。词这样写道：

望东南，隐隐神坛。独跨征车，信步登山。烟寺迂迂，云林郁郁，风竹姗姗。　尘不染，浮生九寰。客中有、僧舍三间。他日偷闲，花鸟娱情，山水相看。

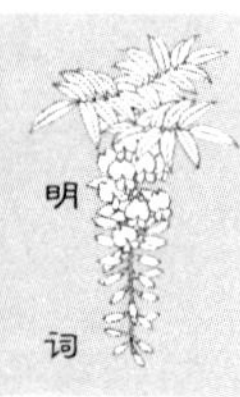

朱元璋将顾龙山的风景描绘得如诗如画，山寺岚烟，云林风竹，远离烦嚣，一尘不染。词的结尾处朱元璋表示以后有闲暇了一定要在顾龙山僧舍居住一段时间，与花鸟虫鱼、青山绿水为伴。

明朝第二个皇帝建文帝也为我们留下了一首《满江红》：

三过吴江，又添得、一亭清绝。刚占断、水光多处，巧依林樾。漠漠云烟春昼雨，寥寥天地秋宵月。更冰壶、玉鉴暑宜风，寒宜雪。

臞庵右，山依缺。虹桥左，波涛截。正三高堂畔，旧规今别。何但渔翁垂钓好，谩将柳子新吟揭。信登临，佳兴属彭宣，能挥发。

建文四年(1402)，燕王朱棣攻破南京后，城内皇宫起火。当火势扑灭后，在

建文帝朱允炆

灰烬中发现了几具烧焦的残骸，已经无法辨认，据太监说建文帝就在其中。但关于建文帝是否真的自焚而死，历史上一直存在争议。朱棣当了皇帝后，对朱允炆是否自焚也产生了怀疑。据说他派郑和下西洋名为宣扬国威，实为寻找建文帝下落。除了在海外搜寻外，朱棣还派户科都给事中胡濙遍行郡、乡、邑长达16年，搜寻朱允炆下落。一直到朱棣死前一年的一个晚上，胡濙才回来，朱棣在卧室单独召见了他。胡濙访得朱允炆离开紫禁城后，削发为僧，一直藏在江苏吴县普洛寺内，一心为僧，无复国之意。清人褚人获《坚瓠》补集卷二称建文帝至吴江史仲彬家，题诗清远轩云"玉蟾飞入水晶宫，万顷琉璃破晓风。诗就云归不知处，断山零落不无中"，"画鹢高飞江木涨，老渔亟唱夕阳斜。秋来客子兴归思，船到吴江即是家"。后来又三至吴江，题了这首《满江红》词。

第三个皇帝成祖朱棣极富军事才能，对于诗词留意不多，现在没有词作留世，但他的儿子仁宗朱高炽所写的词艺术水准却很高。朱高炽生性端重沉静，言行识广，喜好读书，常常与儒生讨论学问。洪武二十八年(1395)，朱高炽被册封为燕世子。太祖朱元璋曾派朱高炽与其他几个诸侯王的世子在破晓时一起去检阅军队，结果朱高炽回来最晚，朱元璋问他是什么原因，朱高炽回答说："清晨太冷了，我等士兵们吃完早餐以后才检阅，所以最后才回来。"另一次，朱元璋要朱高炽审阅官员的奏章，他只挑那些关乎军民利弊的上报朱元璋。逐渐的，朱高炽的儒雅与仁爱得到朱元璋的喜爱。由于朱高炽身形肥胖，导致体质较弱，朱棣更喜欢作战勇猛的皇二子朱高煦。在选择谁继承皇位的过程中，朱棣有过犹豫，但因为朱高炽仁爱、儒雅，深得文臣们的拥戴，在当燕世子、太子的三十年中又没什么过失，最终在永乐二十二年(1424)八月继承帝位，是为仁宗。仁宗宽宏大度，继位之后赦免了建文帝的许多旧臣，平反了许多冤狱，废除了许多苛政。在位期间停止了朱棣开始的大规模用兵，发展生产，与民休息，重视文化，提高读书人待遇，文化得到了复兴。虽然仁宗只做了十个月皇帝即病重去世，但他在位期间的一系列举措为"仁宣之治"打下了基础。朱高炽最有代表性的词作是《蝶恋花·九月海棠》：

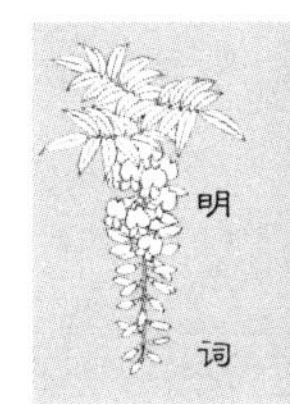

烟抹霜林秋欲褪。吹破胭脂，犹觉西风嫩。翠袖怯寒愁一寸，谁传庭院黄昏信。　　明月修容生远恨。旋摘余娇，簪满佳人鬓。醉倚小阑花影近，不应先有春风分。

这首词咏九月海棠，工致清新，细腻委婉。上阕第一句即出手不凡，“抹”“褪”两个字颇为精巧。深秋时节，树木落了一层层霜，寒烟渺渺，这一切预示着快要秋去冬来。海棠花瓣像胭脂般鲜红娇艳，秋风吹破了花瓣，而词中的抒情主人公却觉得这秋风吹得还是有些温柔。身着翠衫的抒情主人公其实害怕寒冬的到来，天冷一分忧愁就多一分。正在这个时候，黄昏不知不觉笼罩了庭院。宋代词人洪咨夔《眼儿媚》词中曾有“海棠影下，子规声里，立尽黄昏”的句子，那么在这首词里向词人传递黄昏消息的就是海棠。下阕到了夜里，皎洁的明月勾起了抒情主人公的离恨，她摘下了剩下的海棠花，插满双鬓。抒情主人公在醉后倚靠小栏杆，地上海棠花的影子离她很近，春暖花开本应是春天的景色，但在这深秋，海棠花竟然盛开得娇艳无比，忧愁的抒情主人公不禁在怪海棠花竟然在深秋先有了春色。北宋词人晏殊《蝶恋花》“明月不谙离恨苦，斜光到晓穿朱户”埋怨明月不懂得人世间离恨的痛苦，朱高炽在这里埋怨海棠在自己忧伤痛苦的时候依然娇媚明艳，实有异曲同工之妙。全词典雅脱俗，《御定历代诗余》卷一二〇《词话》引《兰皋集》也认为这首词“尤娟秀绝伦”。

明仁宗朱高炽

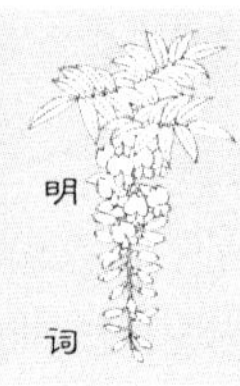

仁宗朱高炽去世之后，长子朱瞻基继位，是为宣宗。朱瞻基出生的那天晚上，他的祖父朱棣梦到太祖朱元璋将一个大圭赐给了他，并说：“传世之孙，永世其昌”。在古代，大圭象征着王权，朱棣梦到朱元璋将大圭赐给他，其意义非比寻常。一个月之后，朱瞻基降生，朱棣看到他满脸英气，马上意识到这个小孩儿正是梦里面太祖朱元璋说的“传世之孙”。朱瞻基长大一些之后，喜爱读书，学问日增，智识杰出，深受祖父朱棣的喜爱，朱棣多次对朱高炽说：“这个小孩以后肯定是太平天子。”朱棣登上皇位以后，就亲自挑选当时著名的文臣担任朱瞻基的老师，悉心培养，并且时时不忘亲自教导。朱棣出去打仗的时候总是将朱瞻基带在身边，让他了解如何带兵打仗，锻炼他的勇气，每次远征归来经过农家，都要带朱瞻基到农家看看，了解农家的艰辛，让他以后做一位爱民的好皇帝。朱瞻基继位以后不负众望，重用贤臣良将，减徭兴农，赈灾惩贪，使得当时政治清明，百姓安居乐业，史学家将仁宗、宣宗统治的这段时期称为“仁宣之治”。

明宣宗朱瞻基

宣宗朱瞻基比较有代表性的词是《醉太平·赐学士沈度》：

浓云散雨收，花苑内鸣鸠。晓来喜见日光浮，暖融融永昼。

麦田润泽怀清秀，榴花湿映红光溜。田家鼓缶尽歌讴，是处庆丰年醉酒。

词上阕写早上起来看到雨过天晴，阳光明媚，暖意袭人，花园内百鸟齐鸣，一片喜庆。下阕写麦田秀穗、石榴结实，农人为了庆祝丰年，鼓缶而歌，欢声笑语，饮酒作乐。全词洋溢着轻快、喜庆的气氛。皇帝住在深宫之中，能写出来这样的词，也可见朱瞻基确实是位关心农人生活、留心农事的皇帝。

自宣宗朱瞻基之后，明代的皇帝再无词作留世。

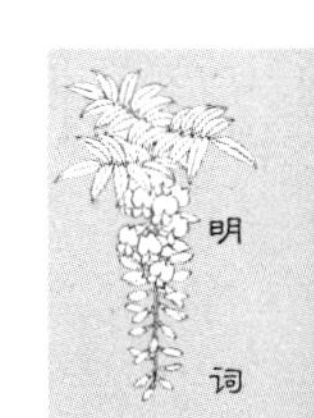

清新浅近，明白如话

——沈周的题画词

沈周(1427—1509)，字启南，号石田、白石翁、玉田生、有竹居主人等，长洲(今江苏苏州)人。沈周是明代中期文人画“吴派”的开创者，与唐寅、文徵明、仇英并称“明四家”，传世作品有《庐山高图》《秋林话旧图》《沧州趣图》等。

沈　周

沈周十一岁的时候，在南都游玩，写了首百韵诗交给巡抚侍郎崔恭。崔恭看了之后有些怀疑，就当面用《凤凰台赋》来考他，沈周挥笔而成，崔恭大为惊叹。长大之后，沈周于书无所不览。写文章模仿《左传》，诗模仿白居易、苏轼、陆游，书法模仿黄庭坚，创作的诗章、诗歌、书法皆为世人所爱重。但是沈周最擅长的是绘画，有评论者认为他是明代第一画家。沈周一生致力于书画，无心仕进。郡守曾经想推荐沈周为贤良，但沈周决意退隐。他居住的地方水、竹、亭、馆这些胜景，图、书、鼎、彝等错列其中，来自四方与他交游的名士络绎不绝，从无虚日，其风流文采辉映一时。

曾经有一个郡的郡守想征画工画房间的墙壁，乡里有人嫉恨沈周，将他的姓名告诉了郡守，郡守就把沈周抓了过去。沈周名满天下，与很多高官贵族都有交往，有人劝他应该去找人说情，就不用去替郡守绘墙了。但是沈周说：“我去绘画作仆役，还可以说是义，去拜访高官贵族，岂不是更辱没我呀！”最终还是去绘墙，绘完才回家。后来郡守入宫觐见，主管官员选拔的铨曹问他：“沈先生还好吧？”郡守不知道该怎么回答，随便说：“没事。”见到内阁大学士李东阳，李东阳问他：“沈先生有来信吗？”郡守更加惊讶，又敷衍说：“有但是没带来。”郡守出来，仓皇去见侍郎吴宽，问他：“沈先生是谁啊？”吴宽详细地形容了沈先生的样子。郡守问左右的人，才知道就是为他绘墙那位画工。回到苏州之后，郡守立刻前去沈周家里，登门道歉。

沈周对父母非常孝顺。父亲死后，有人劝他入仕途，他说：“你难道不知道我母亲拿我当命根子吗，我怎么能离开她呢？”沈周厌倦城市的生活，在城外买了套房子，平时住在那里，有事才到城里去一趟。晚年，沈周唯恐隐逸之地不够偏僻，先后有巡抚王恕、彭礼等非常礼敬他，想召他入幕府，沈周都以母亲年老的借口回绝。正是因为母亲的缘故，沈周终身没有出外远游。他的母亲活到九十九岁去世，当时沈周已经八十岁了，三年之后，沈周也离开了人世。

沈周《玉兰》

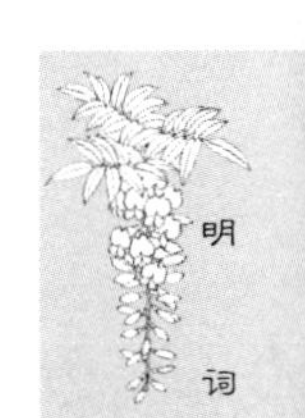

沈周现存词二十七首，有一多半为题画词。题画诗词在中国古代有着悠久的传统。画是视觉艺术，诗词为语言艺术，画和诗词本是两种截然不同的艺术形式，但在题画诗词上这两者得到了交融。因为画有时候不能尽意，画家就会在画上再题一首与之相关的诗或词，来补充或引申画意，诗画互相补充，从而使画意与诗情相映成趣，相得益彰。从宋代开始，文人画中普遍出现题画诗，中国画也开始具有了浓厚的文学色彩。好的题画诗往往能将静止的画面写得活灵活现、如在目前，让即使没见过画的人也能想象得到画面的图景，诗与画交相辉映。然而作为画的点缀或附属物，题画诗词不能写得过于艰涩，如果掉书袋，让欣赏画的人为了题画诗再去翻书找典故出处，那样欣赏画的雅致就会被破坏。因此沈周的题画词大多写得清新浅近，明白如话，如《浪淘沙·题画白牡丹》：

雨细又风斜，春在谁家？教人寂寞认天涯。阁酒关门无况味，何处寻花？　玉貌忆笼纱，梦里繁华。今年情比去年差。便把娉婷追上纸，终莫如他。

这首词是题白牡丹画。上阕写虽是春天，但斜风细雨，阴暗凄冷，不知道去谁家才能看到春暖花开的景色。此情此景，令词人感到寂寞，颇有天涯漂泊之感。阴雨绵绵，不便出行，词人躲在家中喝酒，但是了无趣味，不知道该去什么地方寻找白牡丹花？下阕写词人想到了去年所看到的白牡丹花，上面笼罩着一层轻纱，更加朦胧美丽，但此后只能多次在梦里回忆昔日的繁华。今年到了同样的时间，但却无白牡丹花可赏，无奈，词人将其画到纸上，虽然极尽娉婷之姿，但毕竟还是比不上真实存在的娇艳迷人的白牡丹花。全词清浅通俗，交代了画家画这幅白牡丹画的缘由背景，可补画之不足，让人能更好地欣赏画。

沈周《落花诗意图》

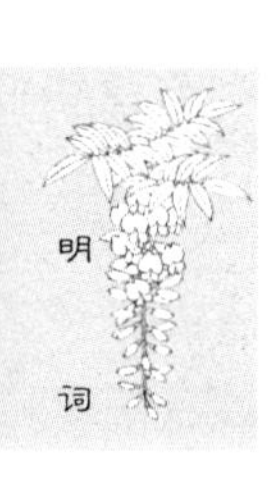

除了补充绘画的创作背景之外，沈周的题画词还能抒发自己的感情，丰富绘画的内涵，如《卖花声》：

斜日映江皋，波影迢迢。怪他疏树叶萧骚。似伴老夫双短鬓，物弊人凋。　放个小轻舠，顺落秋潮。笛声闲送月儿高。料得无人来和我，且自逍遥。

与画作为视觉艺术相比，诗词是综合性的艺术，既有视觉的所见，如夕阳西下，阳光照在江皋上，波影迢迢，也有听觉，如风吹树叶萧萧的声音。一年到了深秋，一天到了傍晚，树叶开始凋落，好像这些都在陪伴词人头发变白变短，陪伴旧物衰敝、亲友凋零。词的下阕词人并未转入消沉，而是说要驾一叶小舟，在月色朦胧里顺江而下，吹一管竹笛，笛声悠扬嘹亮。词人料想没有人会来陪自己，那正好且自逍遥。据明代无名氏编《我川寓赏编》这首词是题《卖花声图》，具体画已不可见。但词里从斜日到明月时间的变化、词人驾一叶小舟顺流而下的动态、树叶声笛声以及词人恬淡安然的心态，画却很难表现出来。

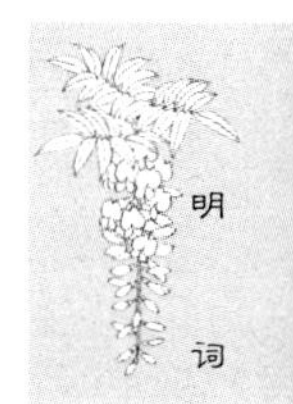

追摩前人，以假乱真

——陈铎的词

在文学创作的最初阶段，摹拟古代经典著作是很重要的一个方式，并在中国古代有着悠久的传统。西汉的扬雄每次作赋都摹拟司马相如的经典赋作，他的《甘泉赋》《羽猎赋》就是摹拟司马相如的《子虚赋》《上林赋》。此后两汉魏晋文坛上盛行摹拟之风，比较有代表性的是拟古诗，即摹拟汉末古诗，尤其是“古诗十九首”，如陆机、陶渊明、江淹等人。到了唐代，摹拟前人经典著作依然是诗人锤炼文学技巧的一个主要方式，如李白就曾经三拟《文选》。诗赋如此，词坛同样需要摹拟前人词作。只不过有些人能够走出前人的樊篱，而有些人亦步亦趋，始终在古人的阴影笼罩下打转。如宋末的方千里、杨泽民、陈允平完全模仿北宋词人周敦颐的词，甚至连句读字声都不变，这样只能算是好的模仿秀，并没有形成自己的风格，不足以在词坛名家。明代也有一位追摩前人经典词作的词人叫作陈铎，那他又是哪一种情况呢？

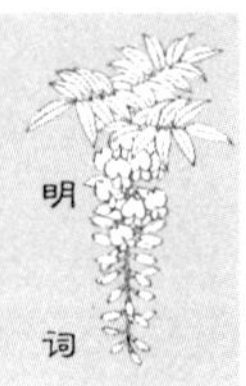

陈铎，字大声，号秋碧，又号七一居士，下邳（今属江苏睢宁）人，家居金陵（今江苏南京）。明朝开国勋臣睢宁伯陈文曾孙，都督陈政之孙。正德年间，世袭济州卫指挥。虽为武官，但陈铎为人风流倜傥，能诗善画，精研宫律，词曲兼擅，被时人称为“乐王”。明人周晖《金陵琐事》卷三记载：指挥陈铎以词曲驰名天下，有一次去魏国公府徐俌府邸办公事，徐公问他：“你可是能词擅曲的陈铎吗？”陈铎回答说：“是。”徐公又问：“能唱吗？”陈铎从袖中取出象牙板打节拍，高歌一曲。没想到唱完，徐公没有夸奖，反而说，“你身为金带指挥，不尽心尽力为朝廷做事，反而随身携带牙板，怎么能这么低下，成何体统”，并把他赶出府外。明代四品官员佩戴金腰带，所以徐公称陈铎为金带指挥，从徐公的一番话中可以看出正统之士对陈铎热衷词曲创作与演唱有所偏见，但也正因为热衷，陈铎为我们留下来大量的词曲创作。曲集有《秋碧乐府》《梨云寄傲》等，词集有《草堂余意》。

《草堂余意》中的词是追和南宋何士信所编词选《草堂诗余》而成,《草堂诗余》中的词作以宋词为主,兼收一小部分唐五代词,陈铎和古人用相同的词牌、押相同的韵脚,意欲同古人争胜。如和北宋词人秦观的《望海潮》:

> 芳草闲云,夕阳流水,消磨今古豪华。春色还来,人情不改,青鞋又踏江沙。小小画轮车。竟斗红争翠,来往交加。多少游人,误随歌管到山家。　高城隐隐吹笳。正细风敧燕,小雨飞花。短鬓萧骚,夕游缥缈,等闲楚客兴嗟。垂柳古堤斜。清荫拂马,香絮迷鸦。不忧身外,只凭烂醉是生涯。

秦观原词是:

> 梅英疏淡,冰澌溶泄,东风暗换年华。金谷俊游,铜驼巷陌,新晴细履平沙。长记误随车,正絮翻蝶舞,芳思交加。柳下桃蹊,乱分春色到人家。　西园夜饮鸣笳。有华灯碍月,飞盖妨花。兰苑未空,行人渐老,重来是事堪嗟。烟暝酒旗斜。但倚楼极目,时见栖鸦。无奈归心,暗随流水到天涯。

陈铎《水阁读书图》

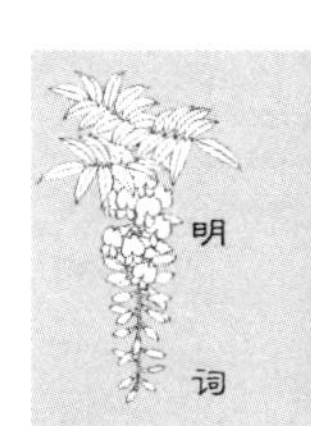

这两首词都是伤春怀旧之作。前三句通过写景引出时光匆匆逝去的感慨。秦观词紧接着开始追怀往昔客居洛阳时结伴游览名园胜迹的乐趣,而陈铎词则接着写春游时的情景。之后秦观词由追怀转入此次重来旧地时的颓丧情绪,虽然风景相同,但行人渐老,世事沧桑,再也没有昔日的兴致,在苍茫暮色中看到昏鸦归巢,顿时升起无限归心。而陈铎词则夕阳西下,四周景物变得隐约渺茫,头发稀疏的词人不由得开始嗟叹，但是紧接着又说不要为身外之物忧虑，只管喝酒享乐就好。最后一句是化用杜甫诗“谁能更拘束？烂醉是生涯。”细读这两词，我们会发现，秦观的词的确有很深的感慨，不仅是在追怀过去的游乐生活，还将政局变化、仕途失意、人世沧桑等感情融入其中。而陈铎词读不出什么很深的感情，只是一味在追摹秦观词作。如果说秦观词是“为情造文”，因为感情郁积心中才写了这首词来抒发，那么陈铎词就是“为文造情”，为了追和秦观《望海潮》词而想象了些景致和情感。

《草堂诗余》共收词一百四十七首，皆是摹仿前代词人，其中追和周邦彦词最多，有二十首，其次是和秦观词十六首。对于陈铎这些和作，后人评价不一。批评的人如明代词人陈霆《渚山堂词话》，他认为陈铎词酷拟前人，追步古作，“遂蹈村妇斗美毛、施之失，盖不善用其长者”。毛是毛嫱，施是西施，都是春秋时期越国的绝色美女。众所周知，西施、貂蝉、王昭君、杨玉环并称中国古代四大美女，这四人分别有“闭月羞花之貌，沉鱼落雁之容”。相传西施在河边浣纱，水中之鱼看见她的倒影，忘记了游水，渐渐地沉到河底。但是“沉鱼”最早所说的人应该是毛嫱。《庄子·齐物论》记载：“毛嫱、丽姬，人之所美也，鱼见之深入，鸟见之高飞。”后来由于西施被进献给吴王夫差，助越王勾践伐吴成功，名留青史，“沉鱼”的传说开始跟西施联系在一起，而毛嫱逐渐被人遗忘。陈霆说陈铎亦步亦趋地摹拟古人，要与古人争胜，就像村妇在讨论毛嫱、西施究竟谁比较美一样。

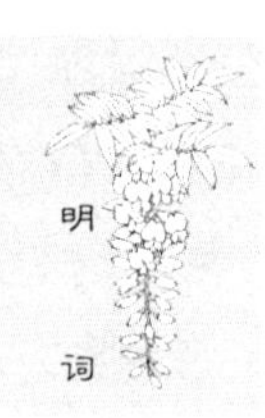

清代词学家况周颐则对陈铎评价甚高，《蕙风词话》卷五甚至称：“陈大声词，全明不能有二”，推为明词第一人。况周颐认为陈铎的这些和作“和何人韵，即仿其人体格”，摹仿秦观、周邦彦、李清照这些大词人的词，放进他们的词集，可以以假乱真，“虽识者不能辨”。

古往今来无数文学家成长的经历告诉我们，摹拟前人经典，可以作为文学创作的一种训练，但摹拟不是目的，不能形成自己风格的话，摹拟得再像也不会成为大家名家。广泛学习、转益多师固然需要，但别出心裁、自铸伟辞更为重要。

月下灯前，无中生有

——马洪的《花影集》

自明中叶以来，词的创作陷入了一种日趋衰落的境地。一方面，词作的曲化现象严重，往往词曲不分；另一方面，词风展现出轻浮浅薄的弊病，逐渐凋敝。而在此时，出现了一个词人马洪。他的词清丽婉约，营造出一种朦胧的韵致，在当时词坛上可谓是一枝独秀。

马洪，字浩澜，号鹤窗。据《嘉靖仁和县志》卷九载，马洪"自幼好咏诗，凡唐人绝律日不释手，行住坐卧皆是物也。优柔餍饫之闲，心领神会，以故意不费索，句不费琢，自然意婉句新，知者叹服"。马洪在小时候就对作诗有着极大的兴趣和极高的天赋，无论在哪里身边总是带着唐朝诗人所作的绝句律诗进行研读。他仔细地领悟诗中的奥义并且融会到自己的创作实践里，这样写诗的时候就不必字斟句酌、苦苦吟诵，往往行文流畅、心思巧妙，令人赞叹。

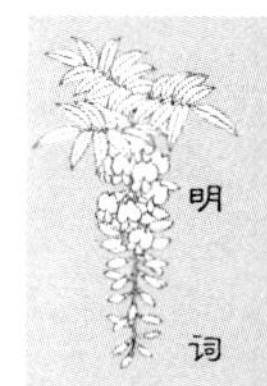

马洪除了诗写得出彩以外，词更是别具一格。杨慎《词品·卷六》称马洪"善诗咏而词调尤工。皓首韦布，而含吐珠玉，锦绣胸肠，褒然若贵介王孙也"；《光绪杭州府志》卷一四四引《万历钱塘县志》亦云"（洪）幼好咏诗，以词赋擅名东南。所交皆一时名士，每过从出游，衣冠杂集，车从都雅，洪独葛巾草履，高步其前。诗有大历风致，词尤清丽"。马洪虽然一生布衣，未曾出仕，但是他舌灿莲花、胸中蕴含着锦绣文章，气度比一般的名门贵族还要出众。北宋文学家苏轼在《和董传留别》中写过这样的句子："粗缯大布裹生涯，腹有诗书气自华"，用这句诗来形容马洪也并不过分。当一个人有了一定的文学素养积淀之后，便会由内到外散发出一种独特的气质，让别人不由得心生敬重，这大约便是读书人的风骨吧。

马洪的词多关乎闺情、春思，但是他写的词并没有绮丽纤秾的感觉，而是用语言营造出一种缥缈、深远的韵致，如这首《凤凰台上忆吹箫·秋夜》：

淡淡秋容，澄澄夜影，娟娟月挂梧桐。爱箫声缥缈，帘影玲珑。彩凤衔书未至，玉宇净、香雾空濛。凉如水，翠苔凝露，琪树吟风。 匆匆。年华暗换，嗟旧欢成梦，芳鬓飞蓬。想清江泛鹢，紫陌游骢。应念佳期虚负，瞻素彩、感慨相同。凝情久，谁家捣练，砧杵丁东。

马洪这首词塑造出一个在冷清秋夜里对着翠苔琪树暗自思念他人、感叹年华易逝的思妇形象。《诗经·卫风·伯兮》中有“自伯之东，首如飞蓬。岂无膏沐，谁适为容”，词中的少妇也无心梳妆，任由岁月流逝，因为那个能欣赏她的人并不在身边。此词词风婉约清丽，多用叠词，如“淡淡”“澄澄”“娟娟”。这些叠词本身就蕴含着清冷的情致，渲染出一种宁静空蒙的氛围。而且在词中马洪也运用了许多联绵词，如“缥缈”“玲珑”……叠词和联绵词的巧妙运用使这首词读起来不疾不徐、有如慢曲娓娓而来，让人心情平静、如听风吟。词的结尾并不以情作结，而是宕开一笔，写不知何处传来的捣衣砧声，境深而情远，这正是五代、北宋之人作词的手法。

值得注意的是，马洪在词中爱用“影”字，并且在词中也努力营造出如影般虚幻的感觉。他把词集命名为《花影集》的缘由在他的词集自序有所提及：“予始学为南词，漫不知其要领。偶阅《吹剑录》，中载东坡在玉堂日，有幕士善歌。坡问曰：‘吾词何如柳耆卿？’对曰：‘柳郎中词宜十七八女孩儿，按红牙拍，歌杨柳岸晓风残月。学士词须关西大汉，执铁板唱大江东去。’缘是求二公词而读之，下笔略知蹊径。然四十余年，仅得百篇，亦不可谓不难矣。沄云道人尝劝山谷勿作小词。山谷云：‘空中语耳。’予欲以‘空中语’名其集，或曰不文，改称《花影集》。花影者，月下灯前，无中生有。以为假则真，谓为实犹涉虚也。”马洪在最初学习作词的时候，很长时间都不得要领。有一天，他读到南宋俞文豹所著《吹剑录》的一则故事：苏东坡问自己的幕客自己的词和柳永的比怎么样？幕客说，柳永的词适合十七八岁的少女拿着红牙拍板歌咏；而苏轼的词应当让关西大汉手执铁板高声咏唱。马洪于是就去找苏、柳二人的词来研读，才略略知道了作词的法门。可是作出一首好词并不容易，他苦苦吟咏四十多年方才作出了一百首词。昔日有苦吟诗人贾岛“吟安一个字，捻断数根须”，而后有马洪四十余年的光阴才作出了区区百首词，又从另一个方面展现出词作质量之高。马洪将自己的词集命名为《花影集》，因为他的词如同月下灯前的花影一样，真假相

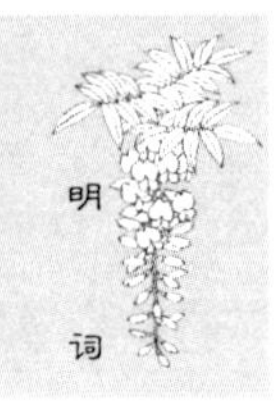

杂、虚实相生。

看到《花影集》这个词集名称，让我们不由得想到了被称为“张三影”的北宋词人张先。张先善作慢词，与柳永齐名，《古今诗话》中说：“有客谓子野曰：‘人皆谓公张三中，即心中事、眼中泪、意中人也。’子野曰：‘何不目之为张三影？’客不晓。公曰：‘云破月来花弄影’‘娇柔懒起，帘幕卷花影’‘柳径无人，堕风絮无影’，此余生平所得意也。”张先善于用“影”字，这三句词中都带有此字，张先自己对这三句词也非常得意。毫无疑问，马洪所心慕手追的是唐、宋二朝的诗词作家，而且词风与张先有着相似的地方。但张先对于马洪词的创作有没有过一定的影响并没有确切的记载，这也是一个值得探讨的问题。

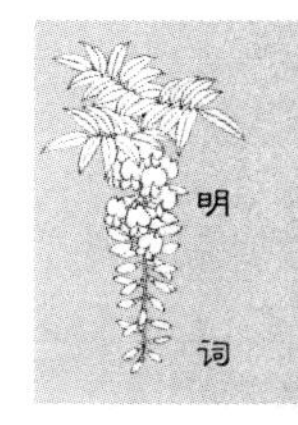

含吐六朝，独立门户

——明词第一人杨慎

杨慎(1488—1559)，字用修，号升庵，是少师杨廷和之子。二十四岁那年他参加正德六年的殿试考取了第一名，因此被授予翰林院修撰的官职。

杨 慎

杨慎小时候很聪明，十一岁就能够作诗，十二岁那年他拟作的《古战场文》《过秦论》让有声望的长辈都感到惊异。踏入京城后作《黄叶诗》，当时的内阁首辅大臣、茶陵诗派的代表人物李东阳读了之后不禁大为赞赏，把杨慎收为自己的门生。有一次杨慎奉命出使时路过镇江，特地去拜访了有“出将入相，文德武功”美称的杨一清并得以阅读他的藏书。让杨慎深受触动的是，每当自己有疑问向杨一清请教的时候，杨一清都能熟练地背诵回答出来。杨慎从此更加努力地学习古文，并且到老都一直充分利用一切空余时间博览群书。杨慎曾经说：“资性不足恃。日新德业，当自学问中来。”要想道德功业每天都进步，仅仅依靠个人的天资禀赋远远不够，需要从不断的学习中获取。杨慎的一生也一直在身体力行这句话，勤学苦读，至老不休。

杨慎的著述颇丰，据《明史·杨慎传》载：“明世记诵之博，著作之富，推慎为第一。诗文外，杂著至一百余种，并行于世。”杨慎的著作从数量上来说，应该是明代最多的，他所著的书包括诗歌散文、杂著等一百多种，这实在是一个惊人的数字。王世贞在《艺苑卮言·卷六》中列举了杨慎的部分著作：“明兴，称博学饶著述者，盖无如用修。其所撰，有《升庵诗集》《升庵文集》《升庵玉堂集》……《书

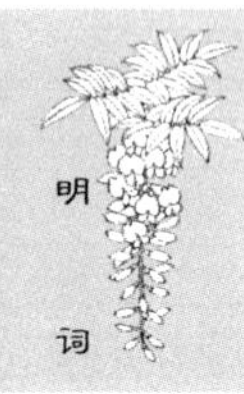

品》《词品》《升庵诗话》《诗话补遗》……其所编纂，有《词林万选》《百琲明珠》《古今词英》《填词玉屑》……”由此可见杨慎在整个明代文坛上纷繁的著述和博洽的学识，其涉猎之广令人惊叹不已。

这也就无怪乎后世文人对他赞赏有加：李调元《雨村诗话》卷下说“吾蜀杨升庵，为有明第一”；周逊《刻词品序》中称他为“当代词宗”；清人胡薇元在《岁寒居词话》中说“明人词，以杨用修升庵为第一”……这些评论家不约而同地将杨慎誉为“明词人第一”，极高地赞扬了他的文学才能和在文学上取得的巨大成就。

杨慎的词学理论以《词品》一书中所写最为详尽，六卷连同拾遗总共三百多条表达了他对于词学的独特见解。杨慎对于词作独到的理解离不开他自身高超词学的造诣，这里摘录其《水调歌头·赏牡丹》一首：

春宵微雨后，香径牡丹时。雕阑十二，金刀谁剪两三枝。六曲翠屏深掩，一架银筝缓送，且醉碧霞卮。轻寒香雾重，酒晕上来迟。

席上欢，天涯恨，雨中姿。向人如诉，漂泊粉泪半低垂。九十春光堪惜，万种心情难写，彩笔寄相思。晓看红湿处，千里梦佳期。

牡丹是雍容华贵的国花，古往今来吟咏牡丹的作品自然也不在少数，而杨慎的这一首却独具风味，从众多咏牡丹的作品中脱颖而出。同样是雨后牡丹，在席上所见香雾迷蒙、令人沉醉，而沦落天涯所见时却是娇蕊含泪、不胜风雨。杨慎因为不愿与桂萼等人共事而屡屡触怒皇帝，被贬到了云南的永昌，这时承受着巨大心理压力的他真是千万种滋味一齐涌上了心头。回忆起当年筵席上雨中赏牡丹的欢悦，此时再对着牡丹不由得勾起沦落天涯的愁怨和对故土难以割舍的思念。今昔对比，亦实亦虚，这首词浓浓的韵味在读者的舌尖回转，久久化不开。不禁令人想起唐朝诗人李商隐的《回中牡丹为雨所败二首(其一)》：

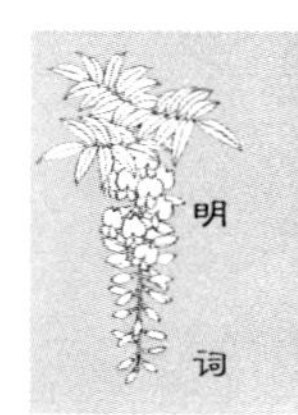

下苑他年未可追，西州今日忽相期。
水亭暮雨寒犹在，罗荐春香暖不知。
舞蝶殷勤收落蕊，佳人惆怅卧遥帏。
章台街里芳菲伴，且问宫腰损几枝。

李商隐十七岁就以文才受到令狐楚的赏识，那时李商隐正是春风得意之时，当他看到盛开的牡丹，曾挥笔写下过一首七律《牡丹》诗。而不久之后，李德裕党人河阳节度使王茂元因欣赏李商隐的才华而把自己的女儿嫁给他，从此李商隐就在牛李党争的夹缝中过日子，再也没有昔日赏花时的心情了。唐文宗开成三年的暮春时节，李商隐在长安应试博学鸿词科落第，由长安动身回泾源，途经回中（今甘肃固原境内）恰遇苦雨天气，院子里的牡丹被狂风疾雨无情打落。诗人回想往日的时光不禁感慨万千，写下了这首《回中牡丹为雨所败》。一草一木总关情，相似的政治不得意的飘零心情，他们不由得写出了相似的寄托身世的诗词。

《四库全书总目》云："慎以博洽冠一时，其诗含吐六朝，于明代独立门户。"杨慎学识广博，名冠一时，他的诗作包容六朝气象，在明代独树一帜。天启年间，杨慎被追封，谥号"文宪"。"文"，或许是他毕生的追求，也是对他一生最好的诠释。

古今多少事，都付笑谈中

——杨慎的《临江仙》与明代三国词

王国维先生在《人间词话》中说：“凡一代有一代之文学，楚之骚，汉之赋，六代之骈文，唐之诗，宋之词，元之曲，皆所谓一代之文学，而后世莫能继焉者也。”楚国的《离骚》、汉朝的赋、六代的骈体文、唐诗、宋词、元曲，这些体裁的文学作品都能代表着那一个时代文学的光辉顶峰。而在现代人看来，最能代表明代文学高峰的莫过于小说了。

中国四大名著，有三部成书于明代，分别是《三国演义》《水浒传》和《西游记》，由此也可见明朝小说艺术的繁荣。其中，《三国演义》为罗贯中所著，第一次以长篇章回体演义小说的形式写了从三国鼎立到司马氏夺权的历史风云变幻。清代著名学者章学诚在《丙辰杂记》提到演义时说“七分实三分虚”，《三国演义》虽然是根据《三国志》而写成，但对于历史还是有相当一部分虚构的成分的。

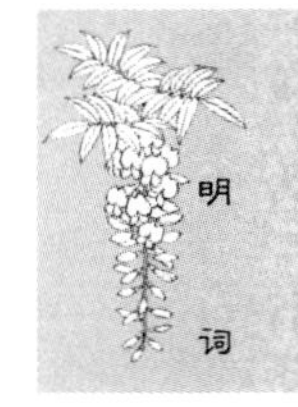

相信很多人对于《三国演义》第一回中的开篇诗词都非常熟悉：

> 滚滚长江东逝水，浪花淘尽英雄。是非成败转头空。青山依旧在，几度夕阳红。　　白发渔樵江渚上，惯看秋月春风。一壶浊酒喜相逢。古今多少事，都付笑谈中。

这首《临江仙》意境阔大，读来让人觉得荡气回肠、感慨万千，将历史兴衰之感在这短短六十个字之间深刻地演绎出来。大家对这首词朗朗上口，或是因为这是《三国演义》的开篇词，或是因为这是电视剧《三国演义》的主题曲，但是又有多少人知道，这是明代文人杨慎的作品。

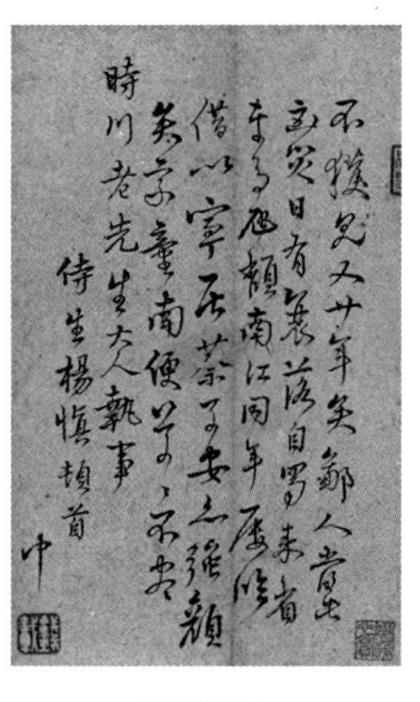

杨慎真迹

杨慎被清人胡薇元誉为明人词中第一，著述颇丰，这一首《临江仙》就是他《廿一史弹词》说秦汉一段的开场词。《廿一史弹词》又称《历代史略词话》或者《史略十段锦》，全书分两卷，析为总说、说三代、说秦汉、说三分两晋、说南北史、说五胡、说隋唐二代、说五代史、说宋辽金夏、说元史十段，每段先以《西江月》《南乡子》《临江仙》《清平乐》《点绛唇》《定风波》《蝶恋花》等词调和诗数首开头，再用散文和三字、三字、四字共十字的诗句，每段末又以一诗一词作结，讲述了从远古到元代的重大历史事件。事实上，书中每一段的开场词都带有与这首词相似的、感慨历史兴衰的抒情基调，于旷达中见悲凉，引人深思。

明代词作中内容与《三国演义》有关的也不在少数，被提及很多的还有明初词人瞿佑的这一首《沁园春·观〈三国志〉有感》：

> 争地图王，地老天荒，至今未休。记东都已覆，聊迁许下；西川未举，暂借荆州。天下英雄，使君与操，生子当如孙仲谋。三分鼎，问谁能染指，孰可同舟？　　一时人物风流，算忠义、何人如武侯。看文章二表，心惟佐汉；纵横八阵，志在兴刘。底事陈生，为人乞米，却把先公佳传酬？千年后，有新安直笔，正统尊周。

从词中“千年后，有新安直笔，正统尊周”一句中可以推知，这首词题目中的《三国志》指的不是陈寿所著的史书《三国志》，而是指的小说《三国志通俗演义》，即我们所称的《三国演义》。从三国时期向后推一千年，正是元末明初的时候，而这首词可能是对于刚刚面世的《三国志通俗演义》小说的最早评论。词以古往今来征战谋求霸业起笔，记述了汉献帝迁都许县、刘备借荆州、青梅煮酒论英雄、魏蜀吴三国鼎立、诸葛亮呈前后《出师表》等一系列历史大事，以《三国志》的作者陈寿因向丁仪、丁廙索米不成而不为他们作传、而千年后新安直笔著《三国志通俗演义》一书尊崇汉王室的正统作结。瞿祐的这首词对《三国演义》一书中内容有了大体的把握，对于研究《三国演义》的成书年代及作者也有着一定的价值和意义。

明后期词坛中因《三国演义》有感而作的词中有一首《一剪梅·读〈三国志〉》读来也甚有趣味：

闲看人物似看花，少似春花，老似秋花。少年英俊属谁家？表在刘家，策在孙家。　　我今四海久无家，空读儒家，空羡兵家。悠悠二十未舒花，不是春花，难道秋花？

这首词上片咏史为主，下片归于抒情，而主旨也在于抒发自己少年事无所成的无奈和壮志满怀的奋发之情。这首词的独特之处在于，整首词通篇只押“花”“家”二字，上片先押三个“花”字，再押三个“家”字；下片恰恰相反，先押三个“家”字，再押三个“花”字，形成了回环往复的美感。这首词的作者卓人月，词风俊秀灵慧，他的书斋名为“三李”，缘由在他的《如梦令·自题三李斋》中提及：“太白风流无底，后主洵多情，俊效易安居士”，可见他对于李白诗中的“风流”、李煜词中的“多情”、李清照词中的“才俊”的倾心与追慕。他的词大多构思巧妙、语言生动，这首词也不例外。

三国是一段群雄并起、政局动荡的时期，然而乱世出英雄，多少英雄豪杰因为生逢乱世而得以一展宏图，留名青史。可是古今将相现在又在哪里呢？还是免不了埋骨荒冢，最终化作一抔黄土的命运。

杨慎的这一句“古今多少事，都付笑谈中”，将古往今来多少令人感慨万千的兴亡之事在谈笑之中弹指而过，这是何等旷达的心胸和已经看破历史必然的眼界。青山不改，绿水长流，这些所谓惊心动魄的争权夺势、帝王霸业不过付与亘古不变的流水，千百年后又会被谁轻狂地诠释呢？

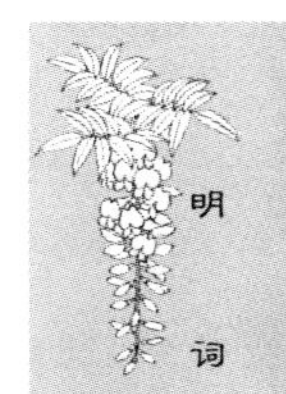

清新雅淡，秦观再来

——张綖的《蝶恋花》

张綖（约1484—1540），字世文，自号南湖居士，江苏高邮人。他从小就很聪明，七岁开始读书，随口就可以吟诵出一首诗。十三岁的时候，张綖的父亲过世了，他就像大人一样极尽哀思。后来到了十五岁，他进了郡里的学校游学，学问成就和哥哥张经、张纮、堂弟张绘并誉为“张氏四龙”。

据《高邮府志》卷一七载，张綖在明武宗正德八年（1513）因为乡荐中举人，他曾经八次参加会试，可是都没有考中。于是他就去拜谒主管选拔官员的长官，得到了武昌通判的职务，这个职务专门负责监督一个郡的年终缴税情况。当时有个县令催促百姓缴交税款非常着急，甚至将一些贫民抓捕入狱。张綖听到了，说：“你收赋税的事情固然很着急，可是也要顾念着穷苦百姓在牢狱之中饥寒交迫的艰辛呀。”命令县里将捉拿的百姓放回，并将缴税的日期延长到春天。那些百姓感念于张綖的恩德，争相凑足了税款。张綖因为政绩卓越、声名远扬，被升擢为光州太守。在光州任上，又碰到了大饥荒，所以请求朝廷赈灾，得到救济粮数万石，让许许多多的人得以度过饥荒岁月。张綖除了关心人民的疾苦，还特别重视教育，深为当时学者所称颂。当他去京师述职的时候，当地的所有士人百姓都希望他能够回来继续任职。可是后来张綖被湖南的布政使和按察使诬陷，他听说了这件事，慨然罢官，归乡隐居。

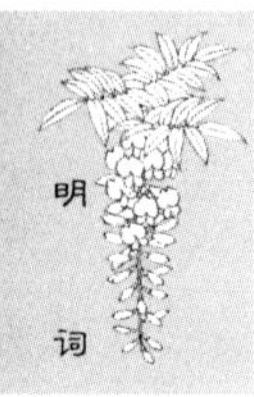

张綖一生酷爱读书，在武安湖边的数间草房子里藏书千卷，每天从早到晚地吟诵朗读。因为不舍昼夜地读书，他的眼睛上长了一层薄膜，大约就和今天所说的白内障一样。可是张綖爱书成癖，虽然眼睛看不清了还是坚持每天让人读书给他听。他十分有才华，拿起笔就可以立刻为诗作文，而且尤其擅长填词，即使随口吟诵的也完全符合词谱的格调。清代朱彝尊《静志居诗话》云：“南湖学词曲于王西楼，以此擅场。”张綖从小跟着当时著名的散曲家王磐学习词曲的音律，“刻意填词，每填一篇，必求合某宫某调，某调第几声，其声出入第几犯。抗坠圆美，必求合作”（清代钱谦益《列朝诗集小传》丙集）。他每次填词都十分讲求合于词律，一定要使得形式上毫无瑕疵。张綖的词风清丽，一生所著有《杜诗通》十六卷、《诗律本义》四卷、《诗余图谱》三卷和《南湖诗集》四卷等书，卒年五十七岁。

张綖的词风受到北宋词人秦观的极大影响，他之所以把秦观作为学习的范式，和淮扬之地的人们重视乡邦的文学传统是脱不开关系的。秦观是北宋著名词人之一，字少游，一字太虚，号淮海居士。他与张綖同是江苏高邮人，尤其工于诗词，风格委婉含蓄，清丽雅淡的文辞为苏轼所赏识，是“苏门四学士”之一。张綖对于这位同乡先贤可谓心慕口追，不论是诗风还是词风，都受到极大的影响。宋代胡仔在《苕溪渔隐丛话》前集卷四二引《王直方诗话》记载了一个小故事：东坡尝以所作小词示无咎、文潜，曰：“何如少游？”二人皆对云：“少游诗似小词，先生小词似诗。”苏东坡曾经把自己所作的词给晁补之、张耒二人看，问：“我的词和秦观比，怎么样？”他们二人都说：“秦观的诗像词，而您的词像诗。”之所以说秦观以词为诗，是因为他的诗多写男女爱情，委婉清新，甚至被金人元好问讥笑称为“女郎诗”。张綖的诗也颇受秦观影响，譬如这一首《杂诗》：

心逐行云一向赊，玉楼愁绝抱琵琶。
绿波细雨伤南浦，红树春风梦若耶。
自把芳心萦柳带，谁将远意寄苹花。
昨朝半醉疏帘外，独立沉吟到日斜。

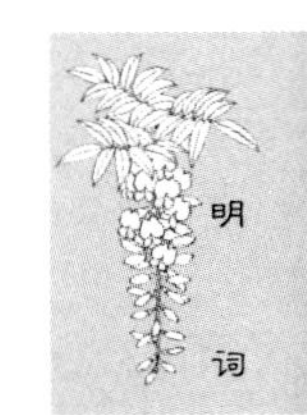

这首诗塑造了一个在春日里想念游子的思妇形象，在烟雨迷蒙、春红绽放、柳树吐芽的时节，这个女子却独自一人在早上微醉以解愁意，然后一个人站着直到太阳西斜。

有人说，诗言志、词言情，诗应该是用来抒写豪情壮志的，而这种感情缠绵的题材更适合于词。张綖的词更是以秦观为范式，譬如这首《蝶恋花》：

紫燕双飞深院静。簟枕纱厨，睡起娇如病。一线碧烟萦藻井，小鬟茶进龙香饼。　拂拭菱花看宝镜。玉指纤纤，拈唾撩云鬓。闲折海榴过翠径，雪猫戏扑风花影。

清代沈雄在《古今词话·词评》卷下说张綖此词“新茜蕴藉，振起一时”，这首词形式上完全合乎词律，内容上描绘了一个美人睡醒梳妆的生活情境。在深深的庭院之中，有一双燕子飞过。美人刚刚睡醒，形态慵懒娇柔，小丫鬟也递了茶和香饼进来。这个女子对着菱花镜整理自己的妆容，纤纤细指撩起了散落的碎发。她款款走过翠绿的小径折下一朵海榴把玩，又闲看白色的猫儿在扑着被风吹动的花的影子玩耍。所写春天的乐景，赏心悦目，让人不禁会心一笑。

朱日藩《南湖集序》说张綖：“故能独步于绝响之后，称再来少游。予每欲择其词之精者，合少游词成一帙，以遗乡人，为词学指南。”今传《词苑英华》本《南湖诗余》即为秦观、张綖词合编，题为《秦张两先生诗余合璧》，也许就是朱日藩或者其后人编纂的。

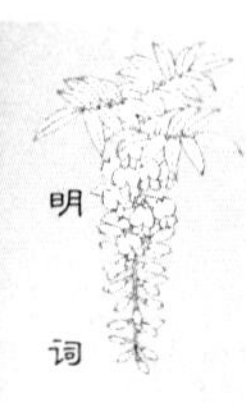

修词家之南车

——张綖的《诗余图谱》

张綖的《诗余图谱》是我国现存最早的一部词谱，在词论、词律方面都对后世产生了极大的影响。

在我国的词论发展史上，首先提出词分为“婉约”和“豪放”两种风格的就是张綖。他在《诗余图谱》“凡例”后说：“词体大略有：一体婉约，一体豪放。婉约者欲其词情蕴藉，豪放者欲其气象恢宏。盖亦存乎其人，如秦少游之作，多是婉约；苏子瞻之作，多是豪放。大抵词以婉约为正。”张綖明确提出，词分为婉约和豪放两种风格：婉约这一类的词作蕴藉，感情委婉曲折，以秦观为代表人物；豪放的词作气势宏大，以苏轼为代表人物。而词的创作，应当以婉约为正统。

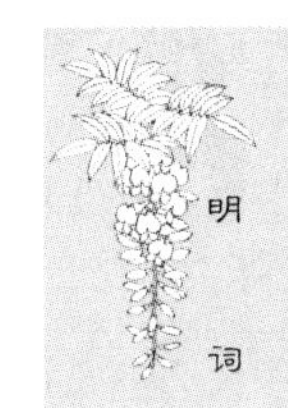

张綖认为“词以婉约为正”，是因为词本来是配合着管弦乐器来歌唱，以达到娱乐享受的。龙榆生先生在《词曲概论》中说：“一要音乐和谐，二是要情调软美。由于这两个条件的限制，就很难容纳丰富的内容和表达豪爽的气概，使作者只在音律和技巧上打圈子，陷身于泥淖而不能自拔。这些作品的‘语工而入律’，在当时是最受歌者和听众欢迎的，所以一直成为所谓词的正宗。”词发展到北宋中期，苏轼首先作豪放词，在词坛上可谓是别开生面。直到后来辛弃疾、张孝祥等爱国词人将国事感慨寄托到词作之中，豪放词风更是发展壮大了起来。

对于张綖这种词分“婉约”“豪放”二体的做法，一时之间赞同之人很多。譬如明代的徐师曾在《文体明辨序说·诗余》中说：“至论其词，则有婉约者，有豪放者。婉约者欲其辞情蕴藉，豪放者欲其气象恢弘，盖虽各因其质，而词贵感人，要当以婉约为正。否则，虽极精工，终乖本色，非有识之所取也。”而到了清代，称引者更多，如王士禛在《花草蒙拾》中说：“张南湖论词派有二：一曰婉约，一曰豪放。仆谓婉约以易安为宗，豪放唯幼安称首，皆吾济南人，难乎为继矣。”王士祯在这里将李清照奉为婉约词的正宗，将辛弃疾推为豪放词的首领，虽然与张綖有所不同,但实质上并无区别。

张綖十分推崇秦观的词,并且不断地去学习秦观词的创作,因此词风含蓄蕴藉,体近婉约,堪为典范。譬如这一首《临江仙》:

> 十里红楼依绿水,当年多少风流?高楼重上使人愁。远山将落日,依旧上帘钩。　一曲琵琶思往事,青衫泪满江州。访邻休问杜家秋。空烟沙外鸟,残雪渡旁舟。

此人登上高楼,感慨触目所见这十里翠偎红绕的地方,曾经有过多少风流人物。可是现在收入眼底的只有远山落日的迟暮之景。下片词人用了两个典故,第一个是白居易《琵琶行》伤商女而自伤沦落,另一个是杜牧的《杜秋娘诗》表达天意难测,人事无常的感慨。清代洪亮吉《题琵琶亭二绝》其二所说:“江州司马(指白居易)宦中唐,谁似分司御史(指杜牧)狂。同是才人感沦落,樊川亦赋《杜秋娘》。”张綖此处亦是借此表现自身的失意之感和哀伤之情。最后又以景语作结,营造出一种苍凉之致。这些词多写静态景致,给人风流蕴藉、绮丽幽思之感。在明朝后期的词坛,亦可谓是别具一格。

除了在词论上有所创新,张綖在词律上也影响颇大。到了明代,词人填词大多失其宫调,杜文澜在《词律》续说中就讲道:“宋人填词,格律至为严整,自明以后,颇少讲求,只按平仄声为长短句而已。即著名词家如朱竹坨、厉樊谢诸公亦不能免。”宋代的词人填词严格依照词谱格律,可是到了明朝,词人只知道平仄声韵却不知道它的宫调。张綖的《诗余图谱》就是在这种情况下编撰的,共三卷,卷一收小令六十四调,卷二收中调四十九调,卷三收长调三十六调,各调选录唐宋词一首。他用白圈来表示平声,用黑圈来表示仄声,用半黑半白圈表示可平可仄。

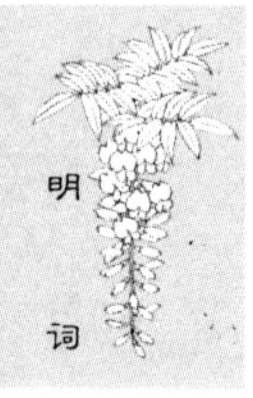

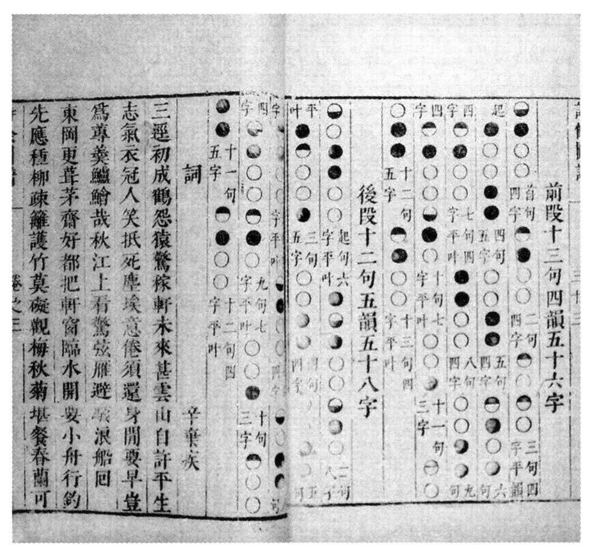

前段十三句四韻五十六字

後段十二句五韻五十八字

詞　辛棄疾

三逕初成鶴怨猿驚稼軒未來甚雲山自許平生
志氣衣冠人笑抵死塵埃意倦須還身閒要早豈
爲蓴羹鱸鱠哉秋江上看驚弦雁避駭浪船回
東岡更葺茅齋好都把軒窗臨水開要小舟行釣
先應種柳疏籬護竹莫礙觀梅秋菊堪餐春蘭可

卷之三

张綖《诗余图谱》书影

后人对其褒贬不一，王象晋《重刻诗余图谱序》中称："南湖张子创为《诗余图谱》三卷，图列于前，词缀于后，韵脚句法，犁然井然。一披阅而调可守，韵可循。字推句敲，无事望洋，诚修词家南车已。"他认为这本词谱将词律声韵完整精严地写了出来，足以作为写词人的指南。然而他人对其缺点也有着深切的认识，譬如《四库全书总目·〈诗余图谱〉提要》亦云："校雠不精，所谓黑圈为仄，白圈为平，半黑半白为平仄通者，亦多混淆，殊非善本，宜为万树《词律》所讥。"四库馆臣认识到了这本词谱错漏之处很多，并不能算是一个很好的填词图谱的本子。这大约是因为明代词律失传久矣，所以一见到《诗余图谱》便惊为绝学、大加赞扬。可是在万树《词律》写成后，转为精严，对于张綖所作自然能看出其中的问题。徐釚在《词苑丛谈》卷一引邹祇谟《远志斋词衷》，说："张光州南湖《诗余图谱》，于词学失传之日，创为谱系，有筚路蓝缕之功。……而于音律之学，尚隔一尘。"这是比较公允的评说，既点明了《诗余图谱》的开创性功劳，又指出了其尚不完备的问题。

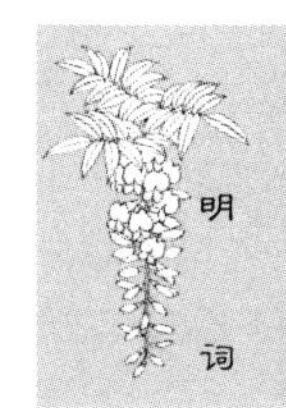

总体来讲，张綖的《诗余图谱》对于后世有着一定的影响力，对于研究词论的人，亦是一本必须参读的著作。

云间之首，明末之冠

——陈子龙的词

在凋敝的明朝词坛，陈子龙是一个极其难得的杰出词人，也正是因为他的存在，才为明朝词坛留下了浓墨重彩的一笔。民国刘毓盘所编的《词史》第九章称："明末词人，必以陈子龙为之冠，曲张雅奏，其在斯人与。"将陈子龙视为明词之冠，是恰如其分的，他上承南唐北宋词风，下开清词门户，其词清丽，独树一帜。

陈子龙虽然英年早逝，然而著述颇丰，有《诗问略》一卷，系读《诗经》的札记；删补徐光启《农政全书》六十卷为《别本农政全书》四十六卷；诗集《岳起堂稿》《三子诗稿》《湘真阁稿》《陈李倡和集》等；词集《湘真阁》《江蓠槛》，又曾选入《幽兰草》《棣萼香词》等。他的词如今已散佚，所存七十九首皆收于王昶所编的《陈忠裕公全集》。

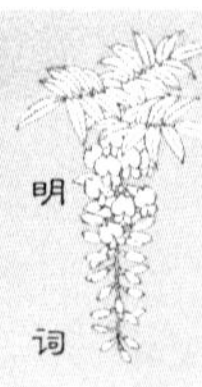

云间派是明末清初重要的诗歌和词的流派，其中三个主要代表人物陈子龙、宋征舆、李雯三人皆为松江华亭人，时称"云间三子"（云间为松江别称）。以陈子龙为首的云间三子，在当时影响很大，他们的诗歌创作荡涤了当时流行的萎靡浅露诗歌风气，与同时期的虞山诗派以及稍后的娄东诗派鼎足而三，成为明末清初最重要的三大诗派。而他们词的创作对明末清初的词学发展也起到了举足轻重的作用，清末著名词学家谢章铤在《赌棋山庄词话》续编卷三中描述了当时的盛况："昔大樽以温、李为宗，自吴梅村（吴伟业）以逮王阮亭（王士禛）翕然从之，当其时无人不晚唐。"陈子龙等人的创作对于振起明代的卑弱词风起到了不可忽视的作用，形成历史上第一个真正的词派——"云间词派"，影响清初词坛数十年，为清词中兴拉开了序幕。云间三子所作的词在语言上追求流丽婉转，风格上倾向于妍丽委婉，题材大多是伤春怨别、男欢女爱之作。

陈子龙极为推崇北宋词，在《幽兰草词序》中认为："晚唐语多俊巧，而意鲜深至，比之于诗，犹齐梁对偶之开律也。自金陵二主以至靖康，代有作者。或秾纤婉丽，极哀艳之情；或流畅淡逸，穷盼倩之趣。然皆境由情生，辞随意启，天机偶发，元音自成。繁促之中，尚存高浑，斯为最胜也。南渡以还，此声遂渺，寄慨者亢率而近于伧武，谐俗者鄙浅而入于优伶。”这一段话比较了晚唐、南唐及北宋、南宋的词作特色，认为晚唐是词发展兴盛的开端；南唐和北宋则是词的鼎盛时期，触景而生情，辞随意转，纤秾淡逸各有妙趣；至于南宋，则是过犹不及。需要注意的是，这里的北宋、南宋词并不是严格的朝代划分，而是指词的风格范式，北宋词人所作的词亦有开南宋词先声的，南宋词人亦有承接北宋词余绪之作。钱钟书在《谈艺录》中说“唐诗、宋诗，亦非仅朝代之别，乃体格性分之殊”，对于南宋北宋词亦如是。陈子龙所推重的北宋词范式，专指婉约派各家，而苏轼所作的豪放词则不在其中。

清代徐璋《陈子龙像》

清代谭献《复堂日记》壬申有言：“周稚圭有言：成容若、欧晏之流，未足以当李重光。然则李重光后身，惟卧子足以当之。”又：“词自南宋之季，几成绝响。元之张仲举（张翥），稍存比兴。明则卧子直接唐人，为天才。”李重光即南唐后主李煜，相传生而重瞳子，故字曰重光。李煜词继承了晚唐以来温庭筠、韦庄等花间词人的传统，又摆脱了《花间集》的浮靡，词不镂金错彩，而文采动人；不隐约其词，却又情味隽永，形成既清新流丽又婉曲深致的艺术特色，被后世尊为“词帝”。陈子龙认为词家本色当是婉媚纤弱，这也决定了他在创作实践中的倾向与风格，且看这一首《山花子》：

> 杨柳凄迷晓雾中，杏花零落五更钟。寂寂景阳宫外月，照残红。
> 蝶化彩衣金缕尽，虫衔画粉玉楼空。惟有无情双燕子，舞东风。

此词极易让人联想到李后主词“雕栏玉砌应犹在，只是朱颜改”之句，在晓雾迷蒙、杨柳凄迷、杏花零落的氛围之中，只见昔日繁华的宫殿已物是人非，寂寥无比。只有燕子还在梁间飞舞，词人于是觉得这燕子太过无情。陈廷焯《白

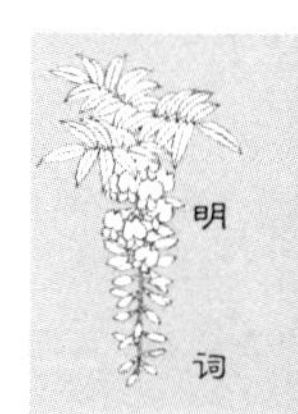

雨斋词话》卷三评价这首词"凄丽近南唐二主,词意亦哀以思矣",恰如其分。

陈子龙的令词几乎无篇不佳,相形之下长调却是稍逊一筹。对陈子龙极为赞赏的清人王士禛、邹祇谟亦在《倚声集》中云:"词至云间,《幽兰》《湘真》诸集,言内意外,已无遗议。所谓华亭肠断,宋玉销魂,称诸妙合,谓欲专诣。所微短者,长篇不足耳。北宋诸家,大率如此。"然而陈子龙的长篇不足也只是相较于他的令词而言,若与明朝其余各家比,亦无逊色之处,兹录《玉蝴蝶·美人》一首:

才过十三春浅,珠帘开也。一段云轻,愁绝腻香温玉,弱不胜情。绿波泻、月华清晓,红露滴、花睡初醒。理银筝。纤芽半掩,风送流莺。　娉婷。小屏深处,海棠微雨,杨柳新晴。自笑无端,近来憔悴为谁生。假娇憨,戏揉芳草,暗伤感、泪点春冰。且消停。萧郎归去,莫怨飘零。

开头化用杜牧"聘聘袅袅十三余,豆蔻梢头二月初。春风十里扬州路,卷上珠帘总不如"的诗句,这个美人正当豆蔻芳华,肤若凝脂、温婉如玉,然而眉目含愁、娇柔堪怜。刚睡醒的模样若春红滴露,清波月影;弹起琴来亦是另有一番风华。虽然她强作娇憨烂漫的小女儿之态,却难以掩藏渐渐憔悴之态。她为了情人的离去而黯然神伤,清泪暗洒。这首春女伤春之词清丽可喜,不落俗靡。

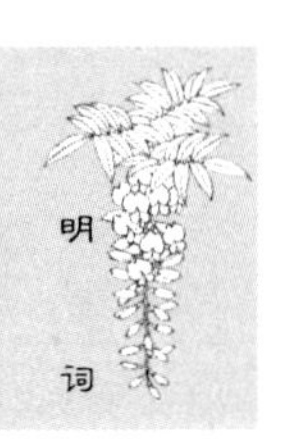

文坛逸事　词体新变

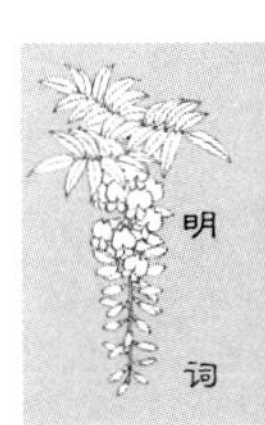

明词发展过程中，出现了许多有趣的现象，如张以宁梦中作词，醒来只记得两句；瞿佑记载文人宴饮，用女孩子的弓鞋当酒杯；陈霆喜欢替前人改词等。同时与前代词相比，出现了一些新的词体，如杨荣等人的台阁体、邱濬等人的打油体、王世贞的福唐独木桥体等。对这些现象与词体，大家可能褒贬不一。如鞋杯行酒，褒者称之为文人风流，贬者斥之为封建陋习；如禁体词，褒者称之为求新求变，贬者斥之为文字游戏。但不管是褒是贬，这些都是文学史上曾经存在的现象，我们有必要去认识与了解。

千古兴亡多少恨，总付潮回去

——张以宁梦中得句的《明月生南浦》

张以宁（1301—1370），字志道，号翠屏山人，福建古田人。八岁的时候，伯父被人告到县衙关到了监狱里，张以宁到县衙为伯父申辩。县尹看到八岁的张以宁博通事理、能言善辩非常惊奇，就以“琴堂诗”为题让他当堂写，张以宁挥笔立就。之后，他的伯父被释放，张以宁也因此而远近闻名。元泰定四年（1327），张以宁考中进士，累官翰林侍读学士，知制诰。因有俊才，博学强记，擅名于时，人呼“小张学士”。入明之后，太祖朱元璋命张以宁写作《锺山说》，文章写好后朱元璋看了大喜，就任命张以宁为翰林侍读学士、知制诰，兼修国史。张以宁工诗能词，受到当时文坛领袖宋濂的推崇和看重。他的词比较著名的有这首《明月生南浦》：

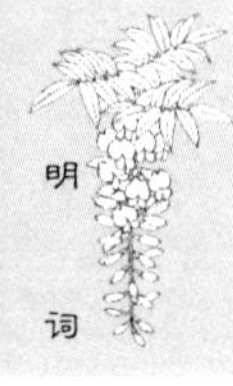

海角亭前秋草路。榕叶风清，吹散蛮烟雾。一笑英雄曾割据，痴儿却被潘郎误。　宝气销沉无觅处。薜晕犹残，铁铸遗宫柱。千古兴亡知几度，海门依旧潮来去。

词前有作者小序：“广州南汉王刘鋹故宫，铁铸四柱犹存。周览叹息之余，夜泊三江口，梦中作一词，觉而忘之，但记二句云：‘千古兴亡多少恨，总付潮回去。’因隐括为此词。”南汉是五代十国之一，因为以广州为都城，所以史称“南汉”。公元971年被宋所灭。词里的潘郎指潘佑，据说当年诱降刘鋹的信是他所写。曾经割据一方的刘鋹最后投降了北宋。从南汉灭亡到明初，已经过去了将近四百年，当年南汉的宫殿苑囿、珠光宝气已经不复存在，只剩下四根铁柱，在潮来朝去中静静地看着人世兴亡。

张以宁

值得注意的是，自序里说张以宁梦中作了一首词，醒来之后只记得“千古兴亡多少恨，总付潮回去”两句，其他的全忘了，于是他由这两句延伸最终完成了全词。梦中作词这件事听起来很蹊跷，但张以宁并不是首例，古已有之，东晋大诗人谢灵运最为人称道的两句诗“池塘生春草，园柳变鸣禽”，前一句就是在梦中所得。据南朝梁代诗评家钟嵘《诗品》所引谢家的家史《谢氏家录》记载，谢灵运每次与族弟谢惠连在一起的时候，便能得到佳句。当他在永嘉（今浙江温州）做官时，有一天想作诗，但苦思冥想一整天却什么也没写出来，于是困得开始睡觉。在半梦半醒之间，忽然见到了谢惠连，立即就写成了“池塘生春草”这一句。根据这一句，谢灵运写成了《登池上楼》，这首诗是谢灵运的代表作，但最被人所称颂的还是“池塘生春草，园柳变鸣禽”两句。谢灵运曾经说：“此语有神助，非我语也。”看来梦中不但能写诗，写出来的还是最好的句子，如有神助，醒来再怎么想，都写不出来那么出色的诗句。

宋代大文豪苏轼曾写过一首诗，标题是《行琼儋间，肩舆坐睡，梦中得句云：“千山动鳞甲，万谷酣笙钟。”觉而遇清风急雨，戏作此数句》。从标题可以看出来，这首诗是苏轼晚年被贬到海南岛，在从琼州赴儋州的路上所写。肩舆是一种轿子，苏轼坐在里面睡着了，在梦中得到“千山动鳞甲，万谷酣笙钟”两句诗，醒来之后遇到清风急雨，于是就写了这首诗。

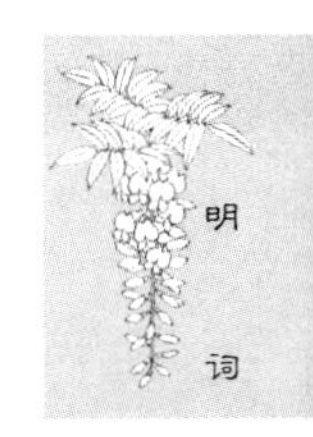

梦中得句不是从张以宁开始，当然，也并没有在张以宁结束。无独有偶，张以宁去世一百年多年后，程敏政（1446—1499）写了首同样是梦中得句的《青玉案》：

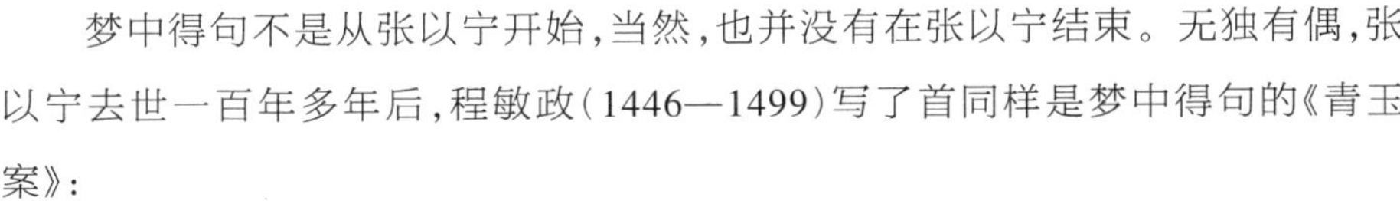

高才无愧霜台佐。荆楚地，人相贺。谁遣阳由滩下过。烟水迷茫，风花飘堕。不及荼昆大。　　清流甘受黄尘涴。空怅望，吴山恨，无奈岁月，纷纷如蚁磨。夕阳芳草，断蓬孤柁，忍读招魂些。

这首词是为了悼念郭用章而写。郭永章是陆鼎仪好友，而陆鼎仪是程敏政朝中同僚，郭永章死后，陆鼎仪十分惋惜，盛赞郭永章之贤，邀请程敏政作一首挽诗。程敏政答应了，可是过了很久还没有写出来。一天晚上，在梦中作了首词，醒来之后还记得一半，正在困惑不知道所写的是什么的时候，陆鼎仪刚好派人来催挽诗，程敏政恍然大悟，原来梦里作的这首词正是用来作挽诗的。于是程敏政把记得的一半补充完整，就是这首《青玉案》。如此看来，在不同的年代，都会有文人做着写诗作词的梦，梦中所写诗词的具体内容不同，但相同的是醒来都会忘掉大部分，只记得一句到数句不等，将这几句扩充为完整的诗词后，梦中得到的几句往往是整首作品中比较好的。

明代桃花源

——陶宗仪的《南浦》

自东晋陶渊明《桃花源记》之后，“土地平旷，屋舍俨然，有良田美池桑竹之属。阡陌交通，鸡犬相闻。……黄发垂髫，并怡然自乐”的桃花源成了对现实不满的世人所向往的理想世界。诗文中大量出现了歌咏桃花源的作品，如唐代诗人王维、刘禹锡、宋代诗人王安石都写有《桃源行》诗。因《桃花源记》所记为武陵人去捕鱼而发现桃花源，历代诗文中“武陵”又成了桃花源的代名词。很多写“武陵”的诗文，如唐孟浩然的《武陵泛舟》、司空图《武陵路》、宋梅尧臣《武陵行》等，都是写桃花源。明代文人陶宗仪的《南浦》词中，也描绘了一幅明代桃花源的景象：

> 如此好溪山，羡云屏九叠，波影涵素。暖翠隔红尘，空明里、著我扁舟容与。高歌鼓枻，鸥边长是寻盟去。头白江南看不了，何况几番风雨。　　画图依约天开，荡清晖、别有越中真趣。孤啸拓篷窗，幽情远，都在酒瓢茶具。水荭摇晚，月明一笛潮生浦。欲问渔郎无恙否？回首武陵何许。

陶宗仪在自序中称这首词所描绘的松江城北会波村，是隐士停云子居住的地方，这里“沟塍畎浍隐翳竹树间，春时桃花盛开，鸡犬之声相闻，殊有武陵风”。陶渊明有《停云》诗，停云子以此为号，显然也是受了陶渊明很深的影响。停云子有一条舟，起名为“水光山色”，他经常乘舟在河中漫游，有时候投竿钓鱼，有时候弹琴抒志，有时候独酌美酒，有时候吟咏陶渊明、谢灵运、韦应物、柳宗元的诗，将功名利禄完全抛之脑外。陶宗仪曾经来停云子家中做客，两人一起泛舟河中，品茶赏景，襟抱清旷，于是就写了这首词。

陶宗仪将停云子居住的地方比作陶渊明诗文中的桃花源，其实他自己的人生也跟陶渊明有着千丝万缕的关系。两人都姓陶，陶渊明是陶宗仪比较早的祖先之一，他的文集中也经常提到这位祖先，并且，陶宗仪隐逸不仕的人生也与陶渊明很相像。

陶宗仪小的时候很有天分，十岁那年，父亲和兄长以伏生《尚书》口授给他，《尚书》晦涩艰深，但陶宗仪听完一遍就能背诵出来，这让家人刮目相看，对他寄予厚望。天资颖异的陶宗仪本应参加科举考试，进入仕途，从此平步青云。但是元宁宗至顺三年(1332)，陶宗仪二十出头时参加乡试，没有中举。关于这次落第，隐士张枢《南村赋并序》曾说是因为“执笔论当世事，主者忌之”。从此之后，陶宗仪再也没有参加过科举考试，而是潜心古学。

陶宗仪

元末战乱，陶宗仪在至正十五年(1355)迁徙到松江的南村定居，开馆授课，躬耕田亩。松江地区商业繁荣，文化兴盛，文人众多，藏书丰厚。陶宗仪和附近的文人墨客频繁来往，建立了深厚感情。

明洪武四年(1371)，明朝征招天下儒士凡贡举下第者、山林隐逸及业家而有志于仕者，陶宗仪称病推辞。洪武六年(1373)，明太祖朱元璋命吏部访求贤才贡举入京，松江知府廉润亲自到陶宗仪家里求访，待之以礼，陶宗仪接受征召入京。虽然到了京城，但陶宗仪并没有想做官，隐逸之心非常坚定，最后谢绝了高官厚禄，又回到了南村。回到南村之后，陶宗仪仍然安然地过着隐逸的躬耕生活，潜心著述。清人王奕清《历代词话》记载陶宗仪在战乱流离失所的时候，时时刻刻带着笔墨，在树荫下休息的时候，有了所见所闻就摘片树叶记到上面，将树叶放进瓮埋到树根下。下田劳作也不例外，辍耕时，在树下休息，就将收集到的各类史料、文献、资料，以及社会传闻、读书心得等记下来，将树叶贮存在瓮中。前后写了十年，积了十瓮，后来整理成书，起名《南村辍耕录》。陶宗仪的其他著述《说郛》《书史会要》等都是在南村编成。

陶宗仪一生中的大部分时间都是在南村生活，而陶渊明的田园居发生火灾之后也迁到了南村，《移居》二首就是搬到南村后所写。虽然是不同地方的南

村，但相隔千年的两人却过着相似的生活。洪武十七年(1384)，东吴全节撰《南村记》形容陶宗仪的生活："先生读书养素，得其趣则曳杖于松溪菊圃之间，疲则箕踞于平坡磐石之上。或登高眺远，则九山之秀与目谋，泗水之清与心谋，林木之蔚茂者与神谋也。"

陶宗仪开垦了一块田地，种了些蔬菜、粮食、水果等，栽种、灌溉等都亲力亲为，这让我们想到了"晨兴理荒秽，戴月荷锄归"的陶渊明；在种的食物够日常生活与祭祀所用之后，陶宗仪把剩下的田地全都种上了菊花，这让我们想到了"采菊东篱下，悠然见南山"的陶渊明；遇到天气好的时候，陶宗仪就引觞独酌，高歌己诗，兴致上来，则拊掌大笑，风流洒脱，全然不顾他人怎么看，这让我们想到了"登东皋以舒啸，临清流而赋诗"的陶渊明。陶渊明超脱世俗、独立不羁的人格，对后世文人产生了深远的影响，淡泊、真率、不拘形式的作为也为后世文人所效仿，而陶宗仪就是明代最有代表性的士人，他笔下的"如此好溪山"则是明代的桃花源。

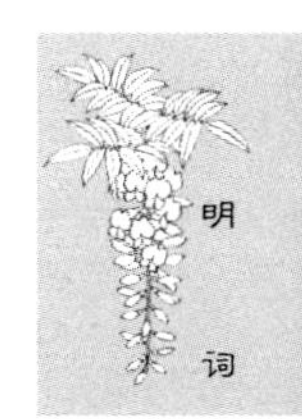

禁体咏雪第一词

——杨基的《水调歌头》

禁体诗是中国古代诗歌史中一种特殊的咏物诗，它禁止运用通常诗歌中常见的体物语，意在难中出奇。禁体诗，又被称为“白战体”，源于苏轼《聚星堂雪》诗末句“当时号令君听取，白战不许持寸铁”，白战意为不许持寸铁的手搏，反映到诗里即指不许沿用古人的陈词滥调。

最早的禁体诗是北宋皇祐二年（1050），欧阳修在颍州任上与客作《雪》诗，约定禁用一些常见的语汇和意象，如玉、月、梨、梅、练、絮、白、舞、鹤、银等。嘉祐四年（1059），苏轼仿效欧阳修写了一首禁体诗，题目为《江上值雪，效欧公体，限不以盐、玉、鹤、鹭、絮、蝶、飞、舞之类为比，仍不使皓、白、洁、素等字，次子由韵》。二十二年之后，时任颍州太守的苏轼追想已经去世的老师欧阳修的故事，又写了一首《聚星堂雪》，序这样说：“元祐六年（1061）十一月一日，祷雨张龙公，得小雪，与客会饮聚星堂。忽忆欧阳文忠公作守时，雪中约客赋诗，禁体物语，于艰难中特出奇丽。尔来四十余年，莫有继者。仆以老门生继公后，虽不足追配先生，而宾客之美殆不减当时。公之二子，又适在郡，故辄举前令，各赋一篇，以为汝南故事。”在序里苏轼说这种禁体物语，是于艰难中特出奇丽，禁止用常见的语汇和意象可以使诗歌产生奇丽的效果。

从欧阳修、苏轼的这几首禁体诗，程千帆、张宏生先生归纳出禁体所禁的主要有四个方面：一是直接形容客观事物外部特征的词，如写雪用皓、白、洁素等；二是比喻客观事物外部特征的词，如写雪用玉、月、梨、梅、盐、练、素等；三是比喻客观事物的特征及其动作的词，如写雪而用鹤、鹭、蝶、絮等（因为它们不但色白，而且会飞翔和舞动，有如雪花飞舞）；四是直陈客观事物动作的词，如写雪而用飞舞等。这些限制，对于咏物诗来说，确实是一种很大的挑战。

欧苏之后，禁体主要出现在诗歌中，词中的第一首禁体则直到明初的杨基

《水调歌头·咏雪禁体》：

风色夜来紧，寒气十分严。起看江上楼门，无处不钩帘。短短钓篷渔艇，小小竹篱茅舍，斜挂一青帘。醉眼傲今古，不饮笑陶潜。　正蔌蔌，俄扬扬，复纤纤。楚山埋没何在，高处露双尖。人道党家风味，不比陶家清致，我欲两相兼。举盏庆丰瑞，来岁不须占。

词前小序说“尝爱欧阳及苏公禁体雪诗，而自古雪词无禁体者，十月晦，余归龙江，风雪连日，因赋《水调歌头》一曲，仍不用盐、梅、玉、洁、皓、白、飞、舞字。”在序中，我们可以知道杨基曾经很喜欢欧阳修、苏轼的禁体雪诗，直到杨基那时候还没有禁体词，刚好风雪连日，他就写了这首《水调歌头》。这首词符合禁体的要求，咏雪而不出现常见的语汇和意象，第一次将禁体带入了词体。虽无雪字，但整首词都在咏雪。最后言“举盏庆丰瑞，来岁不须占”，瑞雪兆丰年，咏雪自然不言而喻。

稍晚的词人陈霆，在其《渚山堂词话》里对杨基这首禁体咏雪词提出批评，他认为“正蔌蔌，俄扬扬，复纤纤”这三句，在古代典籍中找不到出处，拿来形容其他物体，同样可以。陈霆认为要写禁体雪词，应该取古人咏雪成语，化用到自己的词句中，让别人一看就知道是雪，这才是当行本色。陈霆还说他曾经记得北宋诗人黄庭坚有咏雪诗中有“卧听疏疏还密密，晓看整整复斜斜”这两句，假如换成杨基这首词里的“正蔌蔌，俄扬扬，复纤纤”，那别人还知道咏的是什么吗？

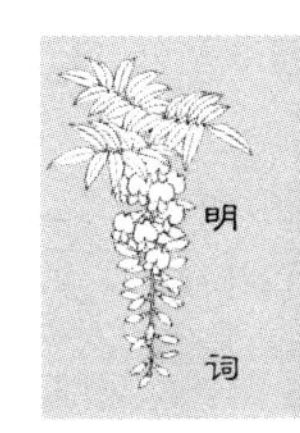

陈霆的批评代表了一种看法，但是禁体诗词本身就是为了避免用古人咏物常见的语汇和意象，更没有必要歌咏什么都要去化用古人的成句。“正蔌蔌，俄扬扬，复纤纤”连用三个叠字描摹雪景，“簌簌”言雪落的声音，“扬扬”言雪飞舞的姿态，“纤纤”言雪花的纤细，应该说十分传神。杨基这首词作为词史中第一首禁体词，有不可忽视的意义。

一掬娇春，绝胜翠裙深掩时

——瞿佑的《沁园春·咏鞋杯》

大约从宋代开始直至辛亥革命，缠足使一对三寸金莲几乎成了所有女孩子的梦，也成了她们本应当天真烂漫的少女年岁里抹不去的痛。三寸金莲这种畸形的美之所以如此盛行，与传统礼教的束缚以及当时男性的审美观是脱不开联系的。

在古代，受“三纲五常”传统礼教的桎梏，女性被认为应当大门不出、二门不迈，一心在家里相夫教子。女性，尤其是大家闺秀，出门抛头露面被认为是伤风败俗的行为。为了裹出一对漂亮的小脚，女孩子的脚趾被迫弯向足心，骨骼断裂，承受着巨大的痛苦。走路时只有大脚趾以及脚跟用力，就像安徒生童话里的小美人鱼，在拥有了一双美丽洁白的双脚之后，每一步却都感觉是走在锋利的刀尖之上。裹足的女人走路尚且痛苦万分，更遑论到外面的天地之中游玩了，也因此一代代的女性被囚禁在四四方方的庭院之中，任劳任怨地留在家里操持家务。

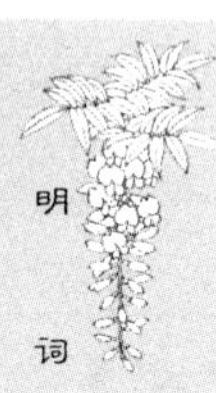

当时男性对于女性脚的审美体验也是促进这种畸形美发展的一个重要原因。当时的男人认为，缠了足的女性双足纤纤不盈一握，走起来有弱柳扶风之态，甚是惹人怜惜。宋代诗人苏东坡曾专门作《菩萨蛮》一词，咏叹缠足：“涂香莫惜莲承步，长愁罗袜凌波去；只见舞回风，都无行处踪。偷穿宫样稳，并立双趺困；纤妙说应难，须从掌上看。”这首词可称为中国诗词史上专咏缠足的第一首。词中的女子小脚走起来步步生莲，如同曹子建《洛神赋》中的洛神一样，凌于微波之上。轻轻握住美人之足放于掌心细细观赏，它的纤巧美妙让人不由得内心荡漾。明清时期的人家为了让女儿有一个好的归宿，不得不狠下心让年幼的女儿承受裹足之痛，最终拥有一双令人羡慕的三寸之足。

当时，三寸之足是男性评判女人妇容的重要依据。除此之外，明代早期的词作者瞿佑还在《沁园春·咏鞋杯》这首词里记述了当时文人墨客用缠足妇女所穿弓鞋进行饮酒作乐的特殊游戏：

> 一掬娇春，弓样新裁，莲步未移。笑书生量窄，爱渠尽小；主人情重，酌我休迟。酝酿朝云，斟量暮雨，能使曲生风味奇，何须去，向花尘留迹，月地偷期。　风流到手偏宜。便豪吸雄吞不用辞。任凌波南浦，惟夸罗袜；赏花上苑，只劝金卮。罗帕高擎，银瓶低注，绝胜翠裙深掩时。华筵散，奈此心先醉，此恨谁知？

也许不了解"鞋杯"为何物的人对这首词所写不甚明了。鞋杯顾名思义，是指在缠足妇女所穿弓鞋之中放一杯酒，又名双凫杯、金莲杯。至于怎样以鞋行酒，则在清朝方绚写的《贯月查》中有着专门的记述：推举一个人于会饮时执掌酒令，称录事。让他从陪宴妓女的脚上脱下一对小鞋，在一只小鞋内放一杯酒，将另一只小鞋放在盘子里。录事拿着盘子走到离酒客们距离一尺五寸的地方，酒客们用大拇指、食指和中指撮取莲子、红豆或榛子松子之类，对准盘中小鞋投五次。录事根据酒客们投中的次数多少来罚酒，被罚的人必须饮尽那杯置入在小鞋里的酒，以此取乐。鞋杯行酒还有一种方式，是把小鞋在桌上传递，传递时数着初一初二直到三十的日期，而执小鞋的姿势要随时日数不同按规定变换，或者口向下，或者底朝天；或持鞋尖，或执鞋底；或者平举，或者高举……还有人编了一首歌谣说这种鞋杯行酒之事："双日高声单日默，初三擎尖似新月。底翻初八报上弦，望日举杯向外侧。平举鞋杯二十三，三十复杯照初一。报差时日又重行，罚乃参差与横执。"

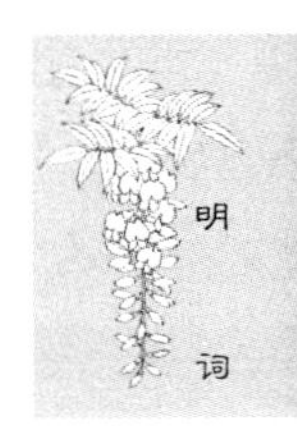

现在我们再来看《沁园春·咏鞋杯》这首词。瞿佑虽然是明初比较著名的文学家之一，但是这首词明显具有一定的香艳情调。"罗帕高擎，银瓶低注"，不难描绘出这样的情景：美人手握绣帕，高高掩住精致的银质壶盖，玉液琼浆从银瓶中低低泻出，注入她纤巧的弓鞋里的酒杯之中。主客尽欢，皆以鞋杯饮酒为乐，一杯接着一杯，沉醉在醇郁的酒香之中。看似是一幅主宾欢饮作乐图，然而词尾的一句"华筵散，奈此心先醉，此恨谁知？"笔锋一转，从浓艳的欢愉的情绪中猛地拉回了残酷的现实。为什么在气氛如此融洽的一首词中忽然会出现这样一句呢？我们先来看看瞿佑其人。

瞿佑少年时期就极负才名，曾经官至国子监助教，可是好景不长，永乐年间因为诗祸谪放保安地区，由地方官吏加以管束十多年，一直到洪熙元年才被释放归家，八年后去世。著有《存斋诗集》《归田诗话》，及传奇小说集《剪灯新话》等。瞿佑的诗词多是风情绮丽之作，诸如《安荣美人行》《美人画眉歌》等，都是文辞工丽、风格与温庭筠相类似的诗篇，抒写的感情较为轻浮。但他的一些作品，细细品味却不乏一定的兴寄。郎瑛在《七修类稿》卷三三的诗文类中写道："尝闻其《旅事》一律云：'过却春光独掩门，浇愁漫有酒盈樽；孤灯听雨心多感，一剑横空气尚存。射虎何年随李广，闻鸡中夜舞刘琨；平生家国萦怀抱，湿尽青衫总泪痕。'读此亦知先生也。"从这首诗中，不难体味出瞿佑的满腔豪情、报国之志。是否经历了元明改朝换代的动乱的他，将自己的壮志都掩藏在了温软绮丽的文字之中了呢？

盛筵常在不过是一个痴梦，繁华褪去，瞿佑借酒所销之愁、放纵不羁的外表下内心深掩的苦痛终究又有谁能够知晓？有句话说，天才总是孤独的，千百年后到底谁能真正读懂瞿佑的孤独呢。

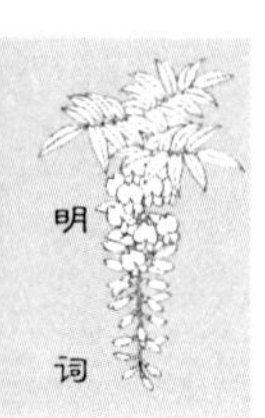

词中台阁体

——杨士奇、杨荣的词

明代永乐至成化年间，政权相对稳定，国力渐趋强盛，“海内晏安，民物康阜”（杨荣《杏园雅集图后序》），社会呈现出比较安定繁荣的局面。在文坛，台阁体开始占主导地位。台阁主要指当时的内阁与翰林院，又称为馆阁。而台阁体就是指以当时馆阁名臣杨士奇、杨荣、杨溥等为代表的一种文学创作风格。台阁体诗文多为应制、题赠、酬应而做，颂圣德，歌太平，艺术上追求平正典丽。这些馆阁重臣身居要职，处境优裕，很容易产生歌功颂德、美化生活的创作意向。不但诗文里有台阁体，他们还把台阁体之风带入了词体创作，其中最有代表性的是杨士奇、杨荣。

杨士奇（1365—1444），名寓，以字行，号东里，江西泰和（今江西省泰和县）人。建文二年（1400）以布衣被荐入翰林。建文四年（1402）朱棣以靖难为名夺取帝位，因杨士奇、杨荣、胡俨等人出城拥戴之功，将他们破格升入内阁。官至礼部侍郎兼华盖殿大学士，兼兵部尚书。杨士奇先后在建文帝、成祖、仁宗、宣宗、英宗五朝为官，在内阁为辅臣四十余年，首辅二十一年。明英宗时因为其子杨稷为人傲横，施暴杀人，遭到御史弹劾，杨士奇只能告老还乡，不久忧虑不起，正统九年（1444）去世。杨士奇与杨荣、杨溥曾长期辅政，并称“三杨”，因其居地所处，时人称之为“西杨”。钱谦益《列朝诗集小传》曾说：“国初相业称‘三杨’，公为之首，其诗文号‘台阁体’。今所传《东里诗集》，大都词气安闲，首尾停稳，不尚藻辞，不矜丽句，太平宰

杨士奇

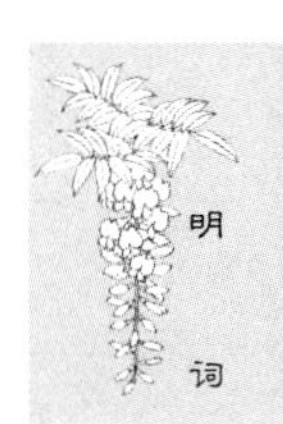

相之风度，可以想见，以词章取之则末矣。"钱谦益评价《东里诗集》的这些话也正是杨士奇词的特点。

宣德三年（1428），明宣宗朱瞻基率尚书学士等十八人游览西苑万岁山，杨士奇、杨荣随同一起游览，大臣们纷纷向皇帝敬献诗词，杨荣写了五言诗十首，杨士奇写了《清平乐》词十章。这十首词是典型的台阁体作品，歌功颂德，铺饰太平，如第九首和第十首：

玉京仙境，瑞气融春永。明主承天天锡庆，雨顺风和嘉应。
讴歌四海丰年，箫韶九奏华筵。圣世均调玉烛，皇图帝寿齐天。

施恩宣化，一统函夷夏。端拱垂衣几务暇，光被普天之下。
簪缨扈从游巡，乾坤万物皆新。荡荡太平熙皞，吾皇万岁千春。

在这些词里，天下太平，四海安定，风调雨顺，黎民百姓丰收富足，这一切都要感谢皇帝的天恩浩荡"圣主恩深如海"，词人希望这种盛世长久，更祝愿皇帝长命万岁、寿与天齐。

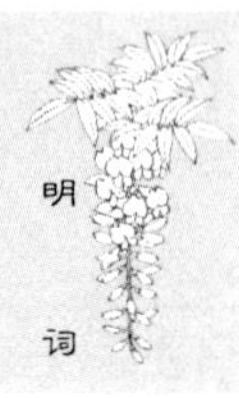

杨荣（1371—1440），初名子荣，字勉仁，福建建安（今福建省建瓯县）人。建文二年（1400）进士及第，授翰林院编修。永乐初年与杨士奇同入内阁，明成祖朱棣亲自将其名由杨子荣改为杨荣。官至文渊阁大学士，进少傅、少师。永乐十六年至二十二年（1418—1424）任首辅。因居地所处，在"三杨"中被人称为"东杨"。杨荣为人警敏通达，善于察言观色。在文渊阁治事三十八年，谋而能断，老成持重，尤其擅长谋划边防事务，在朝40年，曾五次跟随皇帝出塞征伐作战，两次巡察边塞军务。英宗年间，太监王振得到皇帝重用，大权独揽，杨荣受到攻击，正统五年（1440）死在回乡的路上。杨荣比较有代表性的词是《西江月》二首：

御座正临仙苑，禁林大敞琼筵。臂间长命彩丝缠，何必灵符丹篆。
处处龙舟竞渡，家家箫鼓喧阗。万方无事乐丰年，仰荷圣明恩眷。

令节新颁宝扇，嘉言挥洒云笺。香罗细葛叠相鲜，剑佩趋陪金殿。
臣庶欣逢舜世，华夷共祝尧年。皇图巩固福绵绵，磐石尊安永奠。

杨 荣

其内容、风格与杨士奇词完全一致。在杨荣词里，大明王朝现在正是“万方无事乐丰年”，不管是王侯将相还是平民百姓，不管是华夏大地还是邻国友邦，全都欣喜生活在像上古圣君尧、舜时期一样的盛世，普天之下的臣民都感戴帝王的恩德，都希望国家长治久安。

这一时期的台阁体词人还有倪谦、王鏊，而值得注意的是朱有燉。朱有燉是明太祖朱元璋第五子朱橚的长子，袭封周王。朱有燉虽然不是馆阁重臣，但他的词却有台阁体之风。在建文帝发起的削藩行动中，朱有燉与其父朱橚一同被废为庶人，迁徙云南。至明成祖朱棣登基后，方才恢复爵位。为了逃避政治斗争带来的灾祸，朱有燉将精力投入戏曲创作。他是中国戏曲史上重要的杂剧作者，所创作的31本杂剧到现在依然保存，是元明两代杂剧作者中存世作品最多的一位。朱有燉现存三十多首词，风格与杨士奇、杨荣相近，如《一剪梅·咏瑞麦》：

> 德化雍熙帝降祥，瑞应吾皇，吉兆吾王。嘉麦五穗献明堂，礼乐辉煌，号令昭彰。　　万岁千秋福寿长，享福无疆，祝寿遐昌。民安国泰四时康，青简褒扬，玉叶芬芳。

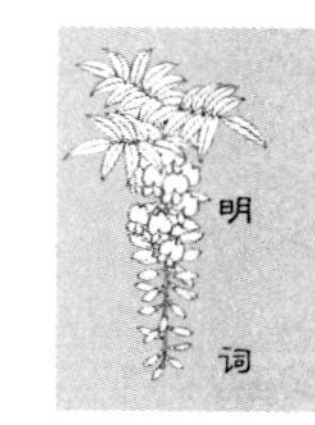

词人所咏瑞麦是五穗的麦子，这属于祥瑞。祥瑞又叫符瑞，儒家认为是表达天意的、对人有益的自然现象，比较常见的祥瑞如出现彩云、禾生双穗、地出甘泉、奇禽异兽出现等。禾生五穗是很罕见的祥瑞，所以朱有燉写了这首词来歌咏瑞麦，并表达了希望皇帝千秋万岁、帝国国泰民安的愿望。

词中打油体

——邱濬的《水龙吟·癸巳初度》

打油诗是中国诗坛上很独特的一类诗，内容浅近通俗，语言诙谐幽默，风格活泼有趣。之所以叫打油诗，是因为现在所知最早的打油诗人是唐人张打油。至于究竟是张打油因写打油诗出名，而人们都叫他“张打油”，从而忘记了他本来叫什么；还是“打油”就是他本名，因为写的这类诗很受欢迎，人们就把这类诗冠以他的名字“打油诗”，现在已经不得而知。无论如何，作为最早的打油诗人，张打油及其代表作《雪诗》被无数后人所熟知。据明人杨慎《升庵集》记载，张打油这首诗这样写道：

江山一笼统，井上黑窟窿。黄狗身上白，白狗身上肿。

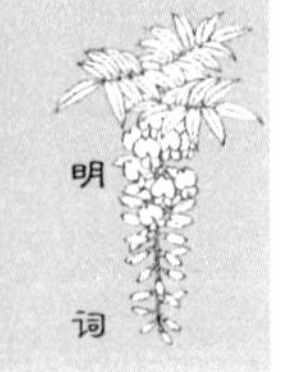

这首诗描写雪景，先写全貌，雪后天地一片白茫茫，但是雪下得再大也填不满井，所以远远看去，井上面有个黑窟窿。之后是特写，黄狗身上落满雪变成了白狗，白狗身上落满雪就变得肿了起来。通篇写雪，但是没有用一个“雪”字，而雪的特色跃然纸上。遣词用字，十分贴切、生动、传神。全诗通俗易懂，诙谐幽默，生动有趣。这种风格不仅在诗里面有，同样也进入了词体创作，宋代词坛就出现了一些俗词、俳谐词，如南宋词人辛弃疾的《品令》：

更休说，便是个，住世观音菩萨。甚今年，容貌八十岁，见底道，才十八。　莫献寿星香烛，莫祝灵龟椿鹤。只消得，把笔轻轻去，十字上，添一撇。

这首词是辛弃疾为族姑八十大寿祝寿时所写的词，先是夸赞了族姑看起来很年轻，虽然八十，但看起来才十八，“八十”“十八”，字序一变，意思就不同。紧接着还是在“十”字上下功夫，“十”字加一撇变成“千”，幽默诙谐中寄去了自己真诚的祝愿。

在宋代，这一类的词只是偶尔一见，而到了明代宣德、成化年间开始多了起来。如叶盛《长相思·忆弟妹嫁娶》：

才杀羊，又放羊，丈人劝酒我敲糖，木瓜的六郎。　酒也香，菜也香，须劝哥哥醉一场，竹墩的小娘。

这首词词人是在回忆弟弟娶妻、妹妹嫁人的热闹场景。古代社会里娶妻嫁女是家里面最大的事情，杀牛宰羊，劝酒散糖，热闹喜庆。词中憨厚得像个木瓜一样的六弟与喜欢坐竹墩的小妹形象生动，更是给人深刻的印象。

在这个时期，很多朝中重臣、文坛名士都写过打油风格的词，如邱濬。邱濬（1418—1495），字仲深，广东琼山人，曾经做过翰林学士、国子祭酒、礼部侍郎，官至尚书，加太子太保兼文渊阁大学士，著有《琼台会稿》等著作十余种，杂剧《五伦全备忠孝记》宣扬忠孝，在明代前期有较大影响。可是邱濬的词却很俚俗，如《水龙吟·癸巳初度》：

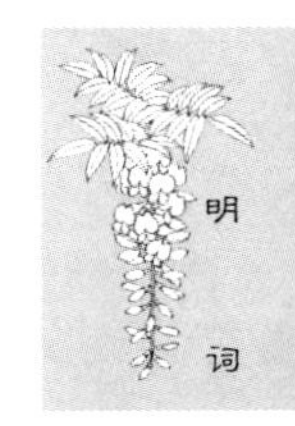

今朝五十三，年年岁岁平平过。如斯而已，不须更问，如何则可。自有前程，别无外事，但求诸我。把眼界挣开，肚皮宽放，偃然坐，忙中我。　少日东涂西抹，到如今，要他作么？深知物理，饱谙世味，不讨些个。好植深根，更安固蒂，冀成结果。待从今向后，年添一岁，受人拜贺。

这是词人五十三岁生日时所写，明白如话，既无典故，又不见学问。上阕词人说我今天五十三岁生日，这五十三年过得平淡无奇。就是这样平淡，不要再去多问。我除了前程再没有什么关心的事，以后要仰着坐好，把眼睛张开，肚皮放安稳。下阕写五十三年来，经历了许多，所以什么都知道，什么都看得透，从今以后，就等着每年长一岁，到生日这一天受人拜贺。五十九

邱　濬

岁生日的时候，邱濬又写了首《鹧鸪天·己亥初度》：

老子明年六十齐，百年光景日头西。幸无热病兼寒病，免得花迷更酒迷。　　知痛痒，识高低。平生作事不跷蹊。从今好闭雌黄口，再莫人前浪品题。

与前面一首相同，通俗易懂。上阕写明年就年满六十了，百年已经过去了一多半，就像太阳已经过了正午开始西落。幸好身体健康，什么病都没有，不会因百病缠身无法饮酒赏花，空自痴迷。下阕写自己知痛痒，识高低，所以平生从来不做奇奇怪怪的事。从今以后，再也不在人前议论他人是非。邱濬这两首词浅近通俗，但俗是俗了，趣味性却大打折扣。既没有诗情画意，又不够精致优美，既没有深刻内涵，又不够幽默诙谐，只能算是打油体里不太成功的尝试。

点铁成金？点金成铁？

——替前人改词的陈霆

北宋诗人黄庭坚论诗主张“夺胎换骨”“点铁成金”，即化用前人诗句，熔铸己意，化腐朽为神奇。明代词人陈霆有一个癖好是喜欢替前人改词，只是不知道他究竟是把前人的“铁”点成了“金”，还是“金”改成了“铁”。

陈霆撰有《渚山堂词话》三卷，在卷三中曾说：“予尝妄谓我朝文人才士，鲜工南词。间有作者，病其赋情遣思，殊乏圆妙。甚至音律失谐，又甚则语句尘俗。”可见在明朝词人凋敝，即使偶有词作也不免格调不高甚至格式不工，而陈霆可谓是为数不多的词学专家。

在隐居渚山的四十年间，陈霆的著述达到百余卷，包括诗话、词话等。据《四库全书总目》卷一六七：“《水南稿》十九卷，明陈霆撰。……是集所载诸诗，意境颇为潇洒，而才起坌涌，信笔而成，故往往不加检点。古文大致朴直，而少波澜顿挫之胜。惟诗余一体较工，其豪迈激越，犹有苏辛遗范，末附诗话一卷，中间‘论词’一条，谓明代骚人多不务此，间有知者，十中之一二。则其自负亦不浅矣。”可见陈霆对于诗、文并不特别擅长，却尤其工于词作。他的诗虽然意境潇洒却率意而为、不太注重诗体工整；写古文文笔朴素却因为缺少波折而略显乏味；可是他的词风豪迈俊健，犹有苏东坡、辛弃疾词作遗风，他也颇以此为傲。

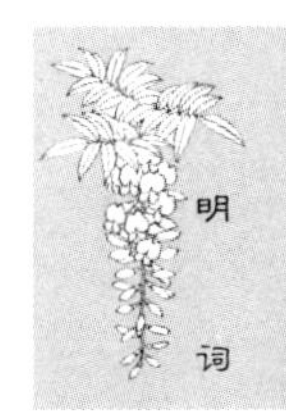

在明代，既有理论性的词话，也有实践性的词集，而两者皆能的就唯有杨慎、陈霆等寥寥数人而已。他在所撰《渚山堂词话》自序中云：“是道也，某少而习授，老而未置。其倚腔成调者，既登集矣，至于咀英吸华，品商量徵，阅习久而话言频，则是编之继来，花庵之有嗣也。”陈霆认为自己从幼时到晚年都一直致力于词学，因此在这部词话里筛选出许多精妙的词作进行评说，可以说是《花庵词选》的一个继承者了。《花庵词选》是宋代黄升所编的一部收罗宏富且编排有序的词选，全面展示了从唐到宋直至此书编定之时文人词发展的几百年历程。

陈霆自谓“花庵之嗣”，也可见他对于自己这部《渚山堂词话》自视甚高。

陈霆这部《渚山堂词话》有一个特点是喜欢替前人改词，譬如卷三中：

> 元人杨某之齐安郡，邓中斋作《摸鱼儿》送之。后阕有云：“临皋一枕三生梦，还认岷峨乡语。”盖及东坡谪居黄州，其游赤壁之夜所遇道士化鹤也。予谓“岷峨乡语”虽暗用天宝中青城道士化鹤于沙苑故事，但谓岷峨，则语意颇晦。不若直云“青城乡语”，庶一览可见也。因特更云：“临皋一枕三生梦，还认青城乡语。”知者以为何如？

邓千江此词所用的未必是苏东坡夜游赤壁遇青城道士化作仙鹤而去的故事，如此理解虽非不可，却也终究不过是陈霆一家之言而已。而岷峨特指峨眉山，因为在岷山的南边，所以名之为岷峨。苏轼在《满庭芳》词中曾写道：“归去来兮，吾归何处，万里家在岷峨。”此处倒不如用岷峨更贴切于苏东坡的身份，并没有必要刻意将其改为青城。

陈霆这种向名家名篇挑战的行为虽然大胆却未必有点铁成金之效，有的时候甚至会得到“画虎不成反类犬”的相反效果。《四库全书总目·〈渚山堂词话〉提要》中就指出：“其中如韦庄‘雨余风软碎鸣禽’句，本用杜荀鹤《春宫怨》语。南卓《羯鼓录》所谓‘透空碎远之声’，即此‘碎’字，当训细琐杂乱之义。霆乃谓鸣禽曰‘碎’，于理不通。改为‘暖风娇鸟碎鸣音’，未免点金成铁。又谓杨孟载雪词‘簌簌’‘飏飏’字古无所出，欲据黄庭坚诗改为‘疏疏’‘密密’。不知以‘疏疏’‘密密’咏雪，黄诗又何所出？亦未免涉于胶固。”陈霆认为韦庄“雨余风软碎鸣禽”这句词用“碎”来修饰“鸣禽”于理不通，所以将其改为“碎鸣音”来形容鸟的叫声。《四库全书》的编纂者就指出，韦庄所用的“碎”字本出自于杜荀鹤《春宫怨》“风暖鸟声碎”这句诗，用来形容鸟鸣声的通透细碎，若是改成“暖风娇鸟碎鸣音”则未免失去了其中的兴味。又像陈霆说杨基咏雪之词中所用的“簌簌”“飏飏”这两个形容词没有出处，想要根据黄庭坚《咏雪诗》中“夜听疏疏还密密”改为“疏疏”和“密密”，可是不知道黄庭坚诗中的这两个形容词又有何出处呢？陈霆对于前人词的整饬未免有点吹毛求疵而失于灵活通变了。

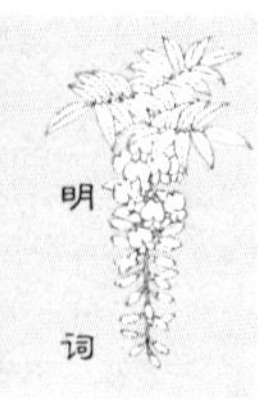

历史上这种在选本中替前人修改诗词的做法并不少见，譬如《汉书·外戚传》中载李延年歌曰：“北方有佳人，绝世而独立。一顾倾人城，再顾倾人国。宁不知倾城与倾国？佳人难再得。”而《玉台新咏》选取此诗删去了“宁不知”三字，这样显得格式工整，更加趋近于南朝诗歌的体式。又如姚铉在《唐文粹》中选取曹邺《读李斯传》诗时只摘取了“欺暗尚不然，欺明当自戮。难将一人手，掩得天下目”这四句，认为这四句就是此诗全部的精华所在。这大约是因为不同的人对诗词的审美不一样，不同的人有着不同的看法，有的文人改动之处亦显示出了独到的眼光。如元好问在《中州集》中将刘祁《归潜志》卷三载雷琯《游龙德宫》“千年金谷铜驼怨，万里蜀天杜宇啼”句中“金谷”改为“洛苑”则切合了句中的“铜驼”二字，改“蜀天”为“坤维”则合乎了诗句的格律。

对于《渚山堂词话》，我们应当注意到其不足，陈霆对前人之词只流于表面的摘录评赏而缺乏理论的思辨性，有些评论只是沿袭了前人的说法而缺乏自我品鉴与创新。但是作为明代不多的词话作品之一，依然值得重视。

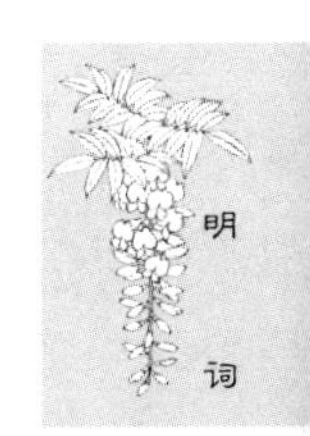

除却何山 更有何山

——福唐独木桥体

王世贞是持“文必西汉，诗必盛唐”文学主张的明代“后七子”之一，所作的词却也间或有一些游戏之作，譬如这一首《一剪梅·登道场山望何山作》：

> 小篮舆踏道场山，坐里青山，望里青山。渐看红日欲衔山，湖上青山，湖底青山。　　一湾斜抹是何山？道是何山，又问何山？姓何高士住何山？除却何山，更有何山？

这首词和传统意义上的词作颇有些不同，却别有一种兴味。传统意义上的词作一般情况下韵脚的字不能重复，而这首词却句句用重复的韵，词人因为见到一座山名曰“何山”，故而灵感乍现，作了这首词。全词以“山”为韵脚，下片每一句都以“何山”作结，且画面感极强。词人首先询问看到的是什么山？别人回答说那是何山，词人又问道是什么山？是不是有个姓何的隐士住在这个何山上？别人回答说，除了这个何山，还能是其他的什么山呢？想象丰富，构思独特，“何”字具有三重意义：山名、姓和疑问词，故而富有情趣意味。

王世贞行书

这一类每句韵脚用同一个字的诗词有一个统一的称呼，叫“福唐体”，抑或是“独木桥体”。沈雄《古今词话·词辩》卷下云：“《柳塘词话》曰：《一剪梅》……有用福唐体者，弇州效山谷为之，其旨趣尚逊前人，何况今日，偶一游戏为之可也。……王弇州《道场山》词云云。”“弇州”指别号“弇州山人”的王世贞，而“山谷”即指自号“山谷道人”的黄庭坚，清人沈雄评论说王世贞的这一首《一剪梅》是仿照黄庭坚的词作而写的。我们不妨来看一看黄庭坚的《阮郎归(效福唐独木桥体作茶词)》：

烹茶留客驻雕鞍，有人思远山。别郎容易见郎难。月斜窗外山。
归去后，忆前欢。画屏金博山。一杯春露莫留残。与郎扶玉山。

这首词与王世贞的《一剪梅》一样，都押“山”字韵，逢双句则用“山”字为韵脚，是较早的福唐体词作之一。全词叙述了一个煮茶女子与心上人的爱情故事：煮茶女子偶然地与一个过路的男子相遇并暗生情愫，男子离去后她日日思念、回忆以前在一起的欢乐时光，又想起当时在情郎离开前煮了一盏茶劝他一口饮尽的殷殷情景。全词以茶贯通首尾，层层转意，令人动容。

除却王世贞的那一首《一剪梅》，明人所作的福唐体词作亦不在少数，卓人月、施绍莘、曾异撰等明代词人亦皆有福唐体词作传世。譬如卓人月的《如梦令·去问》：

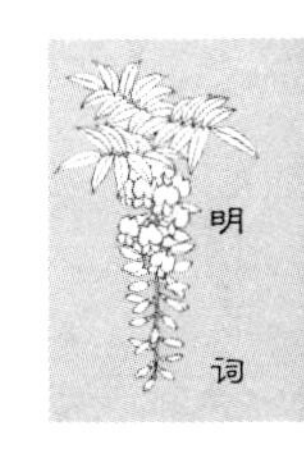

娘问为何不去？爹问为何不去？背地问檀郎：难道今朝真去？郎去，郎去，打迭离魂随去。

《如梦令·来问》：

今日问郎来么？明日问郎来么？向晚问还频：有个梦儿来么？痴么，痴么，好梦可知真么？

这两首词语言直白浅近，以问答形式相呼应，风格别开生面。前一首《去问》写的是新媳妇因为新婚丈夫被父母催促外出谋求功名利禄而失魂落魄；后一首《来问》主题是思妇在家中日日盼望丈夫早日归来的殷殷情切。两首小令都用相同的尾韵，而后一首的尾韵略微特殊，以虚词“么”为尾韵，大约是效仿《楚辞》中以“兮”为尾韵的做法。

还有一个人在晚明词坛上也常被提及，那就是施绍莘。施绍莘因为追慕宋代词人张先而亦字子野，一方面是仰慕张先的才情，另一方面作为风流才子的他也有可能是歆羡张先老年纳妾、官妓索词的多情。施绍莘自视才学甚高，一天夜里读到了张先的“云破月来花弄影”“娇柔懒起,帘压卷花影”“柳径无人，堕风絮无影”的三影之句，提笔而挥就《天仙子·寒夜阅张三影句，因得十影》词一首：

瘦竹自摇清夜影。暖睡觉来窜鼠影。起和残月小徘徊，独鹤影。似人影。飞雁劈空分地影。　　滟滟半池云皱影。静浪一痕檐角影。隔帘霜滑颤风枝，落叶影。动灯影。部伍不齐檐马影。

这首词也是典型的福唐体词作，句句以“影”字为韵脚，分别写了竹影、鼠影、鹤影、人影、雁影、云影、檐影、叶影、灯影、马影这十影，虽然数量上颇为可观，然而却觉得这首词的整体性不强，只是一味地逞才好胜，忽略了词的艺术感。譬如其中“暖睡觉来窜鼠影”一句，分明就是强行拉来凑数之句，词的美感在这一句上毫无体现。整首词意浅味淡，让人难以叫好。

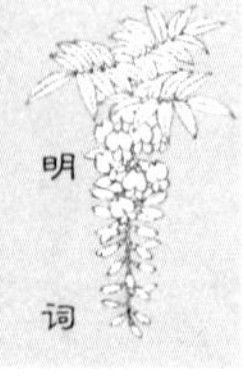

福唐体虽然在唐代开始出现，元明清亦多以福唐体写就的词、曲，然而正如上文中沈雄所说的那样，福唐体仅仅是可以作为一时兴起的游戏之作，却难登词坛的大雅之堂，毕竟福唐体只是一种极其特殊的体例，而一般的诗词创作中大多排斥在同一篇之中出现同一字的重复。清人赵翼的《瓯北诗话·诗病》一节中有：“诗有一首中用重韵者。任彦《哭范仆射》一诗三押‘情’字，沈云卿‘天长地阔’一诗三押‘何’字，王维‘暮云空碛’一首两押‘马’字。‘一从归白社，不复到青门。青菰临水映，白鸟向山翻。’‘青’‘白’二字，一首中重出。”由此可见，诗词格律一般较为严明，不太主张字的重复出现，像福唐体这一类作品也只是文人一时的游戏之作罢了。

爱情因缘　相思离别

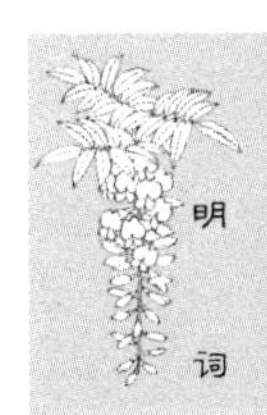

王国维先生《人间词话》有言："词之为体，要眇宜修。""要眇宜修"出自《楚辞·九歌·湘君》"美要眇兮宜修"，指女子安静美好，修饰得恰到好处。反映到文体上就是指词天然有一种婉约柔美的特点，擅长抒写男女相思离别之情。从中唐到两宋，词人创作了无数经典的爱情作品。虽然从北宋苏轼开始，很多词人致力于扩大词的表现范围，但到了明代，爱情婚姻依然是词的一个重要题材，几百年间，为我们留下了无数缠绵悱恻的词作和感人至深的故事。

月露烟云多是恨，况与玉人离别

——林鸿的《念奴娇·留别红桥》

林鸿，字子羽，福建福清人。明太祖洪武初，以荐授将乐县（今属福建）儒学训导，擢礼部员外郎。林鸿性格豪爽，不善理政，不到四十岁就辞官归乡。与高棅、郑定、王褒、唐泰、王恭、陈亮、王偁、周玄、黄玄合称“闽中十才子”，林鸿为其首。林鸿以诗名家，曾以《龙池春晓》和《孤雁》两诗得到明太祖赏识。现存词三十一首。其中《念奴娇·留别红桥》一词，据说是留别情人张红桥时所作：

钟情太甚，人笑我、到老也无休歇。月露烟云多是恨，况与玉人离别。软语叮咛，柔情婉娈，熔尽肝肠铁。岐亭把酒，水流花谢时节。

应念翠袖笼香，玉壶温酒，夜夜银瓶月。蓄意含嗔多少态，海岳誓盟都设。此去何之，碧云春树，合晚峰千叠。图将羁思，归来细与伊说。

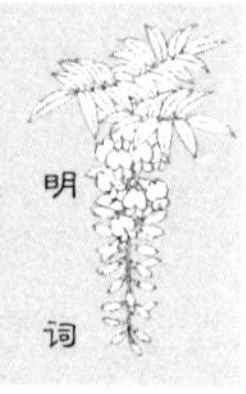

张红桥是福建闽县人，因为家在红桥西侧，即以红桥自号。红桥聪敏博学，擅长写诗著文，方圆百里之内的豪门之后、富家子弟都想娶她为妻，但红桥谁也看不上。父母很奇怪，问她为什么这样，红桥说：“我要嫁给一个像李白一样有才华的人！”于是周围自命才高的文士们纷纷将自己的诗词投过去，希望以诗为媒，获得佳人的青睐。面对这些寄来的诗词，红桥只是品评优劣，排定次序，没有一份特别中意的，因而也就不屑作答回应。“闽中十才子”之一的王恭也投了一首诗，但红桥仍然没有动心。“十才子”中的另一位王偁在张家邻近租了房子住下，以期俟机博取佳人的好感，进而赢得芳心，但他所写的诗依然未能让红桥满意。

就是在这个时候，林鸿路经此地，听说了红桥的事情，就住在了红桥东边的邻居家里。一天晚上，林鸿看到红桥在庭前焚香拜月，于是就写了首诗，托邻居家的老妇人交给红桥。诗这样写道：

桂殿焚香酒半醒，露花如水点银屏。
含情欲诉心中事，羞见牵牛织女星。

红桥读了林鸿的诗，十分欣喜，不知不觉间动了心，援笔答诗一首，仍托邻家老妇转交给林鸿。诗写道：

梨花寂寂斗婵娟，银汉斜临绣户前。
自爱焚香消永夜，从来无事诉青天。

老妇人捧着红桥的诗交给林鸿，并且向他道贺说："张家小姐长大以后，投诗词为媒的不下百人，从未见她答复，公子你可是第一个人！"林鸿听后喜出望外，厚赏了老妇人，希望她以后继续帮忙为两人送信。自此之后，林鸿和红桥常有诗词往来，互通情意，感情发展得极为迅速。一个多月之后，林鸿就搬到了红桥家，住在外室。两人每天诗词唱和，切磋琢磨，甜蜜恩爱，如胶似漆。

一年之后，林鸿因为有事要去金陵，在告别红桥时，难分难舍，就把满腔情意写进了上文所提《念奴娇》。词的上阕先诉说了自己对红桥的痴情绵邈永远不会消歇，然而因为有事不得不远去金陵，这个时候看到的月露烟云全都是词人的离恨。红桥的软语叮咛、似水柔情可以将铁石心肠的人融化，更何况是多情的词人，其痛苦悲伤、肝肠寸断当可以想象。虽然难舍，但不得不离别，只能长亭古道，把酒送别。下阕词人说我走了之后，会时时刻刻想念你，想念你的翠袖笼香、玉壶温酒，想念每个夜晚我们一起依偎赏月，想念你的一颦一笑、一举一动。曾经许下的海誓山盟我会时时刻刻铭记在心。等我回来后，再跟你细说远行路上的所见所闻，点点滴滴。

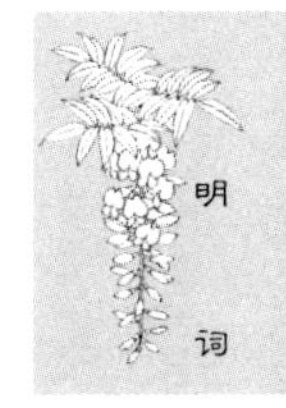

红桥读了这首词之后，既为林鸿的痴情感动，又为未来的离别伤心，也依韵填词一阕：

凤凰山下，恨声声玉漏，今宵易歇。三叠阳关歌未竟，哑哑栖乌催别。含怨吞声，两行清泪，渍透千重铁。柔情一缕，不知多少根节。

还忆浴罢画眉，梦回携手，踏碎花间月。谩道胸前怀豆蔻，今日总成虚设。桃叶津头，莫愁湖畔，远树云烟叠。寒灯旅邸，荧荧与谁同说？

红桥的词道尽了离别时的悲伤与离别后的孤寂。自从林鸿走后，红桥深居简出，怏怏倦倦，每天生活的全部就是等待林鸿归来。等待的日子度日如年，红桥望穿秋水，总算盼来了林鸿托人捎回的一阕《摸鱼儿》词和七首绝句。词这样写道：

记红桥少年游冶，多少雨情云绪。金鞍几度归来晚，香靥笑迎朱户。断肠处。是半醉微醒，灯暗夜深语；问情几许？情应似、吴蚕吐茧，撩乱丝千缕。 别离路。淡月乳鸦啼曙。泪痕红袖沾污。深怀遥想何年了，空寄锦囊佳句。春欲去，恨不得、长绳系日留春住。相思最苦。莫道不消魂，衷肠铁石，涕泪也如雨。

词里面既写了对以前两人相处点点滴滴的回忆，也道出了对爱情的忠贞，既写了别离的悲伤，也表达了对红桥的深挚思念。但无论如何，两人天各一方，寄的词写得再深情，也无法化解两个人的彻骨相思。

自从林鸿离去之后，红桥常独坐小楼，郁郁寡欢。在接到林鸿寄来的词与诗之后，更加悲伤，不久思念成疾，卧病在床，数月之后，长逝不归。

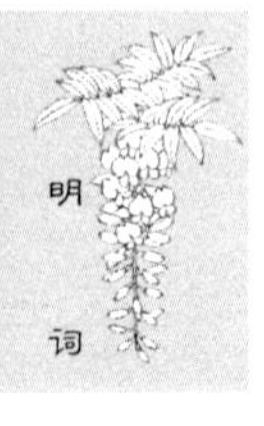

终于，满怀期待的林鸿踏上了归程。然而当他急匆匆地赶到红桥家时，迎接他的却是红桥已经去世的消息，林鸿失声痛哭。当失魂落魄、怅惘悲伤的林鸿检点红桥的遗物时，忽见她床头的玉佩上系着一封信缄，拆开一看，里面有一副诗笺，上面写着半阕《蝶恋花》和七首绝句。词这样写道：

记得红桥西畔路，郎马来时，系在垂杨树。漠漠梨云和梦渡，锦屏翠幕留春住。

词和诗都寄托着红桥对林鸿的痴情与幽怨。离别之后，两人终究未能再见面。红桥的词只写了半阕，下半阕似乎已不敢写下去。红桥带着对以前美好生活的回忆与对林鸿深深的思念离开了人世，而留给林鸿的却是深深的遗憾与刻骨的悲伤。

回首秋香亭上,旧情离恨难消

——瞿佑的《满庭芳》

月老难凭,星期易阻,御沟红叶堪烧。辛勤种玉,拟弄凤凰箫。可惜国香无主,零落尽、露蕊烟条。寻春晚,绿阴青子,鹈鴂已无聊。

蓝桥。虽不远,世无磨勒,谁盗红绡?怅欢踪永隔,离恨难消。回首秋香亭上,双桂老、落叶飘摇。相思债,还他未了,肠断可怜宵。

这首《满庭芳》是瞿佑有感于商生和采采的爱情故事而写。瞿佑著有文言短篇小说集《剪灯新话》,集后附有一篇小说《秋香亭记》,讲述的正是商生和采采的故事,凌云翰在给《剪灯新话》作的序中认为这篇小说就像中唐诗人元稹的《莺莺传》,是自传体小说。这个故事发生在元代至正年间:

有一个书生姓商,父亲到苏州为官,他跟随父亲也来到了苏州。商生一家住在乌鹊桥,与弘农杨氏的府第相邻。杨家是延祐年间大诗人浦城公杨载的后人,而杨载的夫人是商家人。当时,杨载已经过世,他的夫人杨氏还健在。商生年少,气质清和秀美,性格温和纯正,和采采都还在两小无猜的童年时期。每次读书中间休息的时候,商生总要和采采在庭院中玩耍。商氏是商生的姑婆,对他十分钟爱,曾经抚摩着商生并指着采采说:"你要好好读书进德修业,我的孙女决不会嫁给别人,以后让她侍奉你,使杨、商二家亲上加亲,永远友好。"采采的父母听到这话很高兴,即刻就想让女儿嫁过去,但是商生的父母因为儿子年幼,恐怕会耽误他的学业,就请求过些日子再论婚嫁。商生和采采因为商氏的那番话,也倍加亲爱。

一眨眼,好几年过去。每到中秋节的夜晚,两家人总要聚会饮酒,然后一同到商生家庭院后的秋香亭游玩。那里有两棵花树,树荫扶疏,桂花刚刚盛开,月光皎洁,花香浓郁,商生和采采曾私下里在树下谈心,倾吐彼此爱慕之情。此

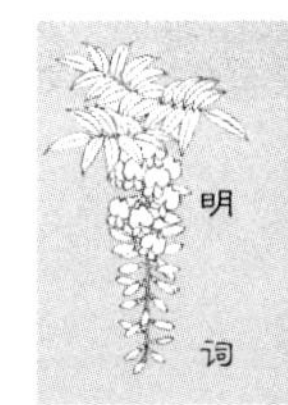

后，采采的年龄渐渐大了，就不再到商家来了，逢年过节时，两人只以兄妹的礼节在中堂见一见面而已。庭院深深，闺房幽邃，两个人没有办法互致深情。又过了一年，秋香亭前的桂花刚开，采采以折花为借口，用碧瑶笺写了两首绝句，让侍女秀香拿去交给商生，并且要商生应和。诗这样写：

秋香亭上桂花芳，几度风吹到绣房。自恨人生不如树，朝朝肠断屋西墙！

秋香亭上桂花舒，用意殷勤种两株。愿得他年如此树，锦裁步障护明珠。

商生得到诗，十分惊喜，于是就随口而成二首绝句，写在纸上作答，交给侍女拿去。诗写道：

深盟密约两情劳，犹有余香在旧袍。记得去年携手处，秋香亭上月轮高。

高栽翠柳隔芳园，牢织金笼贮彩鸳。忽有书来传好语，秋香亭上鹊声喧。

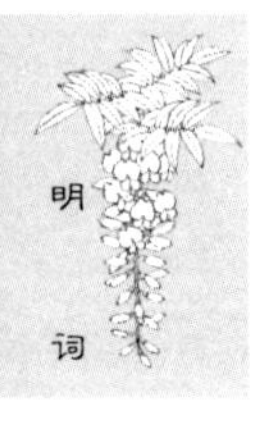

商生开始只是爱慕采采的容貌而已，还不知道她的文才如此之高，待看到她写的两首绝句后，高兴得如痴似狂，从此只是抬起头，踮起脚，等待结婚的日子到来，再也不考虑其他事了。采采后来相思成疾，她担心商生不知道自己的眷恋之情，就在吴绫帕上题写了一首绝句，让侍女拿去送给商生。诗写道：

罗帕薰香病裹头，眼波娇溜满眶秋。风流不与愁相约，才到风流便有愁。

商生读罢诗作，感叹再三，但没来得及和诗酬答。正好这时高邮张士诚起兵造反，三吴一带兵荒马乱，商生的父亲就带着全家南归临安，接着又流转迁徙在会稽、四明山一带躲避战乱。而采采一家也北迁金陵，两家从此不通音讯将近有十年光景。

直等到明朝统一，道路才通。当时商生的父亲已经亡故，商生独自侍奉母亲居住在钱塘旧址，他派旧日的老仆前往金陵寻找采采，可采采却已经在至正二十四年嫁给籍贯太原的王姓人家，并且已经有了子女。仆人打听后回来报告，商生虽然感到怅然绝望，但始终想向采采倾吐一下委婉曲折的心事，以表达自己的感情。于是，他就买了剪彩花二小盒、紫锦面脂一百块，派仆人带往金陵送给采采。商生恨她背弃婚约，也不再写信，只是让仆人以自己的名义，假托亲戚交往，请求见一见面以观察采采的情况。

王家也是金陵的大户人家，在集市上开了一个彩帛铺，正巧采采独自一人站在垂帘后面，看到仆人在门口想进又不敢进的样子，急忙呼唤他说："该不会是商兄家的老仆人吧？"仆人说明身份后，采采随即让他进来，询问商生的情况，脸色很是忧伤。仆人把两样礼物送给她，采采感到奇怪的是怎么没有商生的书信，仆人就详细地把商生的意思告诉了她。采采叹息郁闷，一时说不出话来，只是用酒肴招待仆人，约他明天再来讨回话。

第二天，仆人依命前往，采采裁剪印有墨线格子的绢纸，写信给商生说：承蒙来人详细叙述了前因。只因老天不能成全，以至事情多有阻隔。自从元朝政治混乱，各郡遭受兵灾，百姓伤亡，弱肉强食，接连遭受祸乱，到如今已经十年了。我有幸能生存下来，但此身已不是原来那个我了，东奔西窜，左逃右避。其间祖母谢世，先父亡故。既要避乱兵的狂暴，又要忧虑贞节的保全。我想遵守以前的盟约，但是你的音讯却长久断绝；想讲求小忠小信，为你而殉情，可死了都没人知道是怎么回事。我不幸只好委身嫁人，苟活人世，虚度时日，顾念自己孤独的弱体，偏偏会遭遇困苦颠沛的凶年，所以常常触景生情，逢时起恨。虽然在应酬的时候，也勉强做出笑脸；但在一个人独处之时，则会不胜伤感。追念往事，就好像昨天刚刚发生一样。郎君的书函早已铭刻心中，郎君的声音总在耳畔响起。晚上每每半条被子还没睡暖就醒了，连彼此相会的梦也做不成；有时刚刚靠上枕头睡着，一下又会惊恐不安地突然醒过来。看着自己的容貌日益消瘦，知道我憔悴完全是为了郎君。想到与郎君再也无缘相会，我就十分惆怅，不得不悲叹今生只能虚度。哪里料到郎君并没有忘记我，仍然深深抚爱挂念我；不弃采采微贱鄙陋之身，至今仍惦记着我的行踪；又送上彩花、唇膏等装饰品，使我的衰容顿时改观。你对我的恩惠真是太多了!我虽然承受了这种种恩事，但是却更增我的惭愧。更何况我近来形销骨立，食量大减，心中郁结。我知道自己活在世上的日子已经不多了，现在只是暂时寄居在尘世罢了。表兄如果见了我，也会厌恶我，遗弃我，还有什么必要来怜悯我、抚恤我呢？假如我们的恩

爱情缘确实未断，应当会在来生结为伉俪，在后世接续婚姻。面对信笺我低声哭泣，万分悲伤，难以自禁，特意写了一首七律给您看看。倘若您能够体察我的意思而原谅我，使得弃妇感恩，故人念德，那么我就虽死犹生了。诗写道：

好因缘是恶因缘，只怨干戈不怨天。
两世玉箫犹再合，何时金镜得重圆？
彩鸾舞后肠空断，青雀飞来信不传。
安得神灵如倩女，芳魂容易到君边！

商生收到书信，虽然不再盼望，但还是依韵和了一首七律以排遣自己的思念之情。诗中写道：

秋香亭上旧因缘，长记中秋半夜天。
鸳枕沁红妆泪湿，凤衫凝碧唾花圆。
断弦无复鸾胶续，旧盒空劳蝶使传。
惟有当时端正月，清光能照两人边。

商生把采采的书信和自己的诗一起收藏在巾箱中，每次拿出来看，就要食不甘味、寝不安席好几天，始终不能忘记自己与采采的感情。这份深情在瞿佑《满庭花》词的下阕中有很好的表现："怅欢踪永隔，离恨难消。回首秋香亭上，双桂老、落叶飘摇。相思债，还他未了，肠断可怜宵。"昔日秋香亭上的点点滴滴、欢歌笑语都已成为不可触摸的过去，而对采采的这份思念与不能在一起的悲伤却每天都伴随着自己。"愿天下有情人终成眷属"终归只是美好愿望，世间有太多的错过。商生在思恋中度过了一个又一个深宵，而如果这个故事就是瞿佑以前的经历的话，那么《沉香亭记》与《满庭芳》词就是这份思恋最好的证明。

欲侍鸳帏奉枕衾，谁知薄幸苦相侵

——潘英奴的《鹧鸪天》

有人说爱情是在正确的时间正确的地点遇到正确的人。缺一不可，可见其难。这其中遇见的时间非常重要，古今不知道有多少痴情男女像唐代诗人张籍一样感叹“恨不相逢未嫁时”，另外有一首无名氏的唐诗“君生我未生，我生君已老，恨不生同时，日日与君老”发出的是同样的感叹。然而，“恨不相逢未嫁时”是建立在忠诚于婚姻的基础上，如果不忠诚，见异思迁，那么什么时候遇见都没问题。但事实上这些对婚姻不忠诚的人往往也未见得就会追寻到完满的结果。明代宗景泰年间就发生了这样一段爱情故事，男主人公想要冲破“恨不相逢未嫁时”的束缚，最终却以悲剧收场，只可惜了女主人公潘英奴的一片痴情。

潘英奴是福建永春人，长得貌美如花，好似仙女下凡，父母一直没有为她找到合适的夫婿。同安(今福建厦门同安区)人苗德纯以贩卖苎麻为生，来到永春，借宿在潘家。苗德纯长得英俊潇洒，已经结婚两年了，但是嫌妻子相貌丑，对潘家谎称尚未婚配。英奴在家里常常偷偷地看苗德纯，有时候露半个身子，有时候露全身。一天，英奴将一张信纸折成一寸见方，外面包上油纸，藏在了给苗德纯送的饭中。苗德纯打开之后，看到上面写了一首诗，诗写道：“天生一对两嫣然，司马文君宿世缘。欲遣中书传好信，几回未易到君边。”西汉司马相如琴挑卓文君，后两人私奔，终成佳偶，后世传为美谈。潘英奴诗里将自己与苗德纯比为卓文君和司马相如，说两人是天生一对，早就想找人传信，但一直没有成功。苗德纯看到诗之后，欣喜若狂。就在这天夜里，潘英奴悄悄地来到苗德纯房间，倾吐了自己的爱慕之情，希望以后能在一起。苗德纯魂飞神荡，立刻就想着要和英奴欢会，被严词拒绝。英奴坚持要到结婚之后，才能行夫妻之事，现在不可苟且，并卸下手上的金指环，送给苗德纯作为定情信物，嘱咐他说：“千万不要失约，这金指环就是我们的信物。”之后拜别苗德纯，走出了房间。

苗德纯回到家后，立刻休了妻子，想要向英奴求婚，但苦于没找到合适的媒人，耽搁了有半年多。这个时候苗德纯父亲派他去安徽凤阳贩布，由于沙县邓茂七叛乱，竟四年没有回家。直到景泰三年（1452），道路才通。等苗德纯回到老家的时候，英奴已经嫁给了林氏为妻。苗德纯以卖丝为借口，夜宿林家，潘英奴悄悄地送给他一封信，信上写的是一首《鹧鸪天》词：

> 欲侍鸳帏奉枕衾，谁知薄幸苦相侵。移花却向他人主，狂蝶无情莫再寻。　君负心，妾伤心。鱼沈雁杳悄无音。如今追忆前时话，剩得潸然泪满襟。

虽然苗德纯是因为战乱道路不通，才耽搁了四年多，但潘英奴不知道，所以这首词里充满了责备和悲伤。词的上阕说我本来想要嫁给你，同床共枕，侍奉终生，没想到你却是个薄幸郎，四五年不见踪影。现在我已经嫁给了别人，你这样无情之人就不要再来找我了。下阕一开始直接就点出了是因为你这个负心汉才导致我伤心欲绝。古代有鱼雁传书的传说，而苗德纯走了以后，音讯全无。现在我已经痛苦绝望，嫁人为妻，你这个时候出现还有什么意义？现在再想起来以前我对你说的那些痴心话，只能伤心所托非人，徒自潸然泪下。

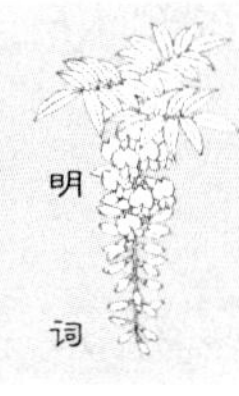

苗德纯看了这首词之后，郁郁寡欢，失望而归。过了不久，娶妻姚氏。姚氏比他之前那个妻子更丑，这更增加了他对潘英奴的思念。苗德纯的朋友听说了这件事后，写了首《指环篇》来讽刺他，诗里有这几句："苗生本期得芳妍，岂知再娶不如前。我闻在德不在色，请君读此《指环篇》"。确实，在寻找伴侣的时候，不能只看对方的姿色，而要重点考察德行，如果只想着找貌美的，那会不断地换来换去，最终只会害了自己，永远得不到人间的真情。

但是相思莫相负，牡丹亭上三生路

——汤显祖《牡丹亭》中的词

汤显祖主要作为一个戏曲家而著名，他的《牡丹亭》是中国古代最伟大的戏剧之一。他留下来的词只有《千秋岁引》一首，但是《牡丹亭》等剧本中有很多的词。小说、戏剧属于综合性文体，里面往往包涵很多诗词，通过这些诗词可以很好地塑造人物性格、推动情节发展，如《红楼梦》里即有大量的诗词。虽然借剧中人之口，但其作者仍然应归之于小说、戏剧作者。如《红楼中》中的《葬花词》虽借林黛玉之口咏出，但实际作者应该是曹雪芹。同样，汤显祖是其剧本中词的作者，明清的众多明词选本中所选的汤显祖的词即是从他的剧本中摘出。其中，尤以《牡丹亭》最具代表性，如《蝶恋花》：

> 忙处抛人闲处住。百计思量，没个为欢处。白日消磨肠断句，世间只有情难诉。　　玉茗堂前朝复暮。红烛迎人，俊得江山助。但是相思莫相负，牡丹亭上三生路。

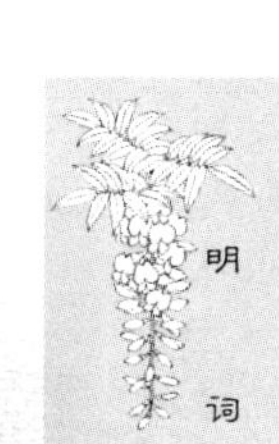

这首词是《牡丹亭》第一出《标目》开场词，相当于作者自序。上阕开篇先写离开了琐事缠身的官场回家闲居，想来想去，不知道该做些什么才能在生活中找些乐趣，于是就开始写《牡丹亭》一剧。汤显祖认为人世间最难写的是“情”，重情是他一贯的文学思想，他在《牡丹亭》的《题词》中说“如杜丽娘者，乃可谓之有情人耳。情不知所起，一往而深。生者可以死，死可以生。生而不可与死，死而不可复生者，皆非情之至也。”下阕第一句写自己创作

汤显祖

《牡丹亭》时的辛苦，玉茗堂是汤显祖为自己的住所取的名称，在这里他夜以继日地写作。夜幕来临，在烛光摇曳中，汤显祖继续着写作，江山之美使他的文章为之生色。最后两句写《牡丹亭》中柳梦梅与杜丽娘真情打动天地，最后杜丽娘死而复生，有情人终成眷属。“红烛迎人，俊得江山助”也可以指柳梦梅在红烛摇曳中迎娶新娘杜丽娘，这一切如此美好像是得到了天地的帮助，只要我们始终相爱，不管前生、今生、来生，都不会辜负对方。

《牡丹亭》故事发生在南宋时期，家住岭南的贫寒书生柳梦梅做了一个梦，在梦中一座花园的梅树下立着一位佳人，说同他有姻缘之分，从此改名梦梅，春卿为字。西蜀南安太守杜宝生有一女，取名丽娘，年十六岁，才貌端妍，尚未婚配。杜宝为了使女儿成为知书达理的淑女，请了位年已六十的老秀才陈最良教读书。一日讲到《诗经·关雎》，“关关雎鸠，在河之洲。窈窕淑女，君子好逑”的诗句惹动了杜丽娘的情思。伴读的侍女春香偶尔发现了杜府后的花园，于是带着杜丽娘到花园中游园赏春。回来后在昏昏睡梦中杜丽娘看到一位书生持半枝垂柳前来求爱，两人在牡丹亭畔幽会。梦醒之后，杜丽娘又到花园中寻梦，但一无所获，于是思念日深，睡不安眠，食不知味。看到镜子里日益消瘦的容颜，杜丽娘决定给自己画一幅写真。《阮郎归》即为第十四出《写真》开篇唱段后，杜丽娘与春香之间的对白，词写道：

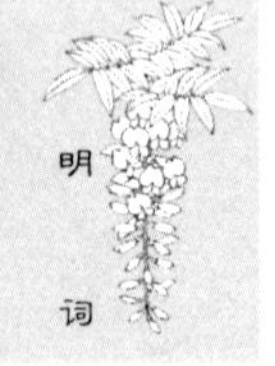

不经人事意相关，牡丹亭梦残。断肠春色在眉弯，倩谁临远山？
排恨叠，怯衣单，花枝红泪弹。蜀妆晴雨画来难，高唐云影间。

词上阕开篇杜丽娘说自己久居深闺，未经人事，但冥冥中心意相连，竟然在梦中与心上人相会。但梦醒之后，想要再去寻梦却寻不到，所以说“牡丹亭梦残”。“远山”指远山眉。杜丽娘楚楚动人的神情全在眉目之间，但不知道该去找谁来替她画像。杜丽娘用花枝自比，由于离恨郁积累叠，春寒害怕衣单，所以不觉流泪。最后两句用高唐神女的典故，相传战国时楚怀王游高唐，梦与巫山女神相遇，女神自荐枕席，同楚王欢会。后来宋玉陪侍襄王游云梦时，作《高唐赋》与《神女赋》追述其事，神女说：“妾在巫山之阳，高丘之阻。旦为朝云，暮为行雨，朝朝暮暮，阳台之下”，“巫山云雨”“阳台梦”都成了后世男女欢好常用的典故。汤显祖用这个典故是用来暗指柳梦梅与杜丽娘在梦中的欢会。画杜丽娘容颜容易，画两人之间欢会的梦难。

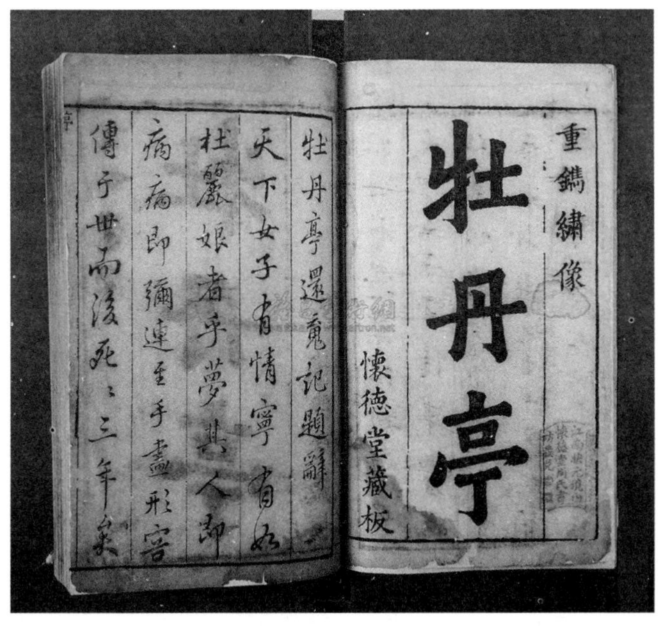
重鐫繡像
牡丹亭
懷德堂藏板

牡丹亭還魂記題辭
天下女子有情寧有如
杜麗娘者乎夢其人即
病病即彌連至手畫形容
傳于世而後死死三年矣

《牡丹亭》书影

杜丽娘画好像之后，又把做的梦告诉了春香，并让春香将画叫裱画匠裱好。杜宝夫妇听说女儿病重，忙叫陈最良用药，让石道姑来念经，但都不见效。中秋之夜，杜丽娘去世。死前，她嘱咐春香把画像装在紫檀木匣里，藏在花园太湖山石下面，又嘱咐母亲把她葬在花园牡丹亭边的梅树之下。这时，投降了金国的贼王李全，领兵围淮扬，朝廷升杜宝为淮扬安抚使，立即动身。杜宝只得匆匆埋葬了女儿，并造了一座梅花庵供奉杜丽娘神位，又嘱托石道姑和陈最良照料。杜宝即带夫人和春香前往淮安，因军事危急，半路上杜宝让夫人和春香乘船回了临安。

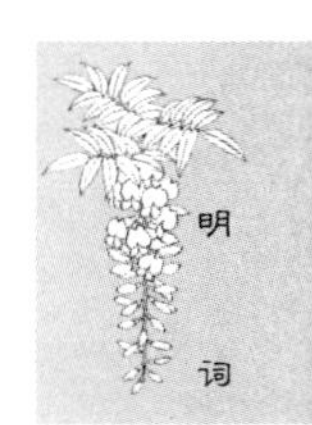

书生柳梦梅去临安考试，半路上得到进宝臣苗舜宾的资助。走到南安时，病宿梅花庵。柳梦梅病快好的时候，偶游花园，恰在太湖石边拾到杜丽娘的画像。回到书房后，柳梦梅将画像挂在床头前，夜夜烧香拜祝。杜丽娘在阴间里一呆三年，阎王发付鬼魂时，查得杜丽娘阳寿未尽，让她自行回家。杜丽娘鬼魂来到梅花庵里，恰遇柳梦梅正在对着自己的画像拜求。杜丽娘大受感动，与柳梦梅欢会，自称是西邻之女。他们两人夜夜谈笑，声音惊动了石道姑。一天夜里两人正在说笑，被突然来到的石道姑冲散。第二天夜里，杜丽娘只好向柳生说出真情，并求他三天之间挖坟开棺。柳梦梅要把实情告诉石道姑，求她帮忙，《诉衷情》这首词正是第三十三出《密议》石道姑上台之后所吟：

风微台殿响笙簧，空翠冷霓裳。池畔藕花深处，清切夜闻香。

人易老，事多妨，梦难长。一点深情，三分浅土，半壁斜阳。

这首词主要写梅花庵的景色。上阕写台殿中的风声像笙簧鸣奏，四周翠绿的植物像女子的霓裳，池中荷花的香气远远飘来。下阕先是石道姑的一些感怀，接着是斜阳照在杜丽娘的坟墓上。这首词跟《牡丹亭》剧情贴合得并不是太紧密，单独拿出来欣赏亦无不可。

石道姑得知实情后，帮助柳梦梅挖坟开棺，使杜丽娘还魂。石道姑怕柳梦梅与杜丽娘的事情被发觉，当夜雇船，三人一道去了临安。陈最良发现杜丽娘坟被盗，忙去扬州告诉杜宝，还没到淮安就被叛军俘获，李全听说陈最良是杜家的家塾老师，又得知杜宝还有夫人和春香，就听从妻子的计策，谎说已杀了杜夫人和春香，然后放了陈最良。陈到淮安见了杜宝，即把小姐坟被盗，老夫人、春香被杀的事禀知杜宝，杜宝听后大恸。之后杜宝忍痛修书两封，让陈最良送给李全和他的妻子，封官许钱、招降了李全，淮安之围解除。

杜丽娘一行三人到了临安后，住在钱塘江边，等柳梦梅知道科举考试消息时，考试时间已过，多亏主考官是苗舜宾，才得以补考。这时，因为淮扬叛乱，朝廷延期放榜。杜丽娘让柳梦梅先去扬州看望她父母。柳梦梅走后不久，来临安的老夫人和春香因天色晚了找客栈住，恰好遇到杜丽娘与石道姑。《浣溪沙》词即为第四十八出《遇母》中杜丽娘与石道姑所吟：

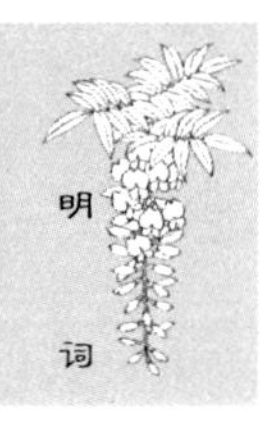

寂寞秋窗冷簟纹，明珰玉枕旧香尘，断潮归去梦郎频。　桃树巧逢前度客，翠烟真是再来人，月高风定影随身。

这首词上阕先是写景，杜丽娘死后闺房久无人住，琐窗竹簟变得寂寞阴冷，带的耳环、睡的玉枕也已蒙上一层尘土，但即使是死后为鬼，杜丽娘依然经常梦到柳梦梅。下阙主要写杜丽娘死而复生之后恍然隔世的感觉。“桃树巧逢前度客”是化用唐代诗人刘禹锡《再游玄都观》“种桃道士归何处，前度刘郎今又来”诗句。“翠烟真是再来人”化用神话故事春秋时吴王夫差女儿小玉的故事。相传小玉同韩重相爱，吴王不许他们成婚，小玉气结而死。韩重在墓前看见了她，她把明珠送给韩重。当小玉的母亲上去抱她的时候，她像轻烟一样，散开不见了。词在这里说杜丽娘本来也像轻烟一样化去，但现在又活了过来，再次回到人间。据说鬼没有影子，而现在月光照耀下杜丽娘的影子一直在身后，这也说明确实她真的是人不是鬼。

柳梦梅告别杜丽娘后先来到扬州，听说杜宝在淮安，又去淮安见杜宝。杜宝以为女儿已死，现在又凭空冒出来个女婿，判了柳梦梅假冒罪名，令人拿下押往临安候审。杜宝回到临安，因军功升为宰相，陈最良升为黄门奏事官。这时，科举考试发榜，柳梦梅高中状元，可是到处找不着他。原来杜宝在柳梦梅身上搜出了杜丽娘的画像，认为他是盗墓贼，把他吊起来拷打。苗舜宾听说后，赶到杜府救下了柳梦梅，并告知杜宝，柳梦梅已考中状元。杜宝正气恼时，陈最良来到，说小姐确实复活，柳梦梅真是女婿。杜宝认为是妖鬼之事，请奏皇上，灭除此事。陈最良把这件事奏明皇上，皇上要杜宝、杜丽娘、柳梦梅、老夫人都前来对证。金銮殿里，众人齐到，皇上用镜子照杜丽娘看有无影子，断定她确实是活人。杜宝硬说杜丽娘、老夫人都是鬼魂所变，后经皇上裁决让他们父女、夫妻相认。杜丽娘又劝柳生拜认了岳父杜宝，全剧以大团圆结束。

芳郊似海，只有情无底

——陈子龙与柳如是的爱情

崇祯元年(1628)，陈子龙二十一岁，与湖广宝庆府邵阳知县张轨端之女结为夫妻。崇祯二年，夏允彝、杜麟征二人在松江组织“几社”。“几者，绝学有再兴之几，而得知几神之义也。”最初入社者有周立勋、徐孚远、彭宾三人。当时陈子龙正值弱冠之年，听闻了这件事也奋然入社，其他人认为他过于年少，但因才学过人，遂得以入社，与夏允彝等人并称为“几社六子”。

柳如是是在明末之时艳惊秦淮河的八艳之一，虽为烟花女子却心怀天下时势，在松江与复社、几社、东林党人交往，常穿儒服男装，与诸人纵谈时势、和诗唱歌。在这段时间她结交了陈子龙，两人情投意合，惺惺相惜，只可惜后来为陈子龙妻张氏所不容，更兼之陈子龙投水殉国，未能结成良缘。陈子龙在许多词中都留有与柳如是爱情的影子。柳如是本名杨爱，更名柳是，字如是。陈子龙的一些咏杨花或咏柳之类的词作，既切其姓氏，又合其身份，不难猜想当与柳如是有关，如这两首咏杨花词：

《浣溪沙·杨花》

柳如是

百尺章台缭乱吹，重重帘幕弄春晖，怜他漂泊奈他飞。

淡日滚残花影下，软风吹送玉楼西，天涯心事少人知。

《忆秦娥·杨花》

春漠漠，香云吹断红文幕。红文幕，一帘残梦，任他漂泊。

轻狂无奈东风恶，蜂黄蝶粉同

零落。同零落，满池萍水，夕阳楼阁。

杨花最显著的特点就是在春天漫天飞舞、飘忽不定，柔弱之身禁不住东风吹而零落天涯。词人在词中怜其漂泊，似含惆怅及离分无常之感。

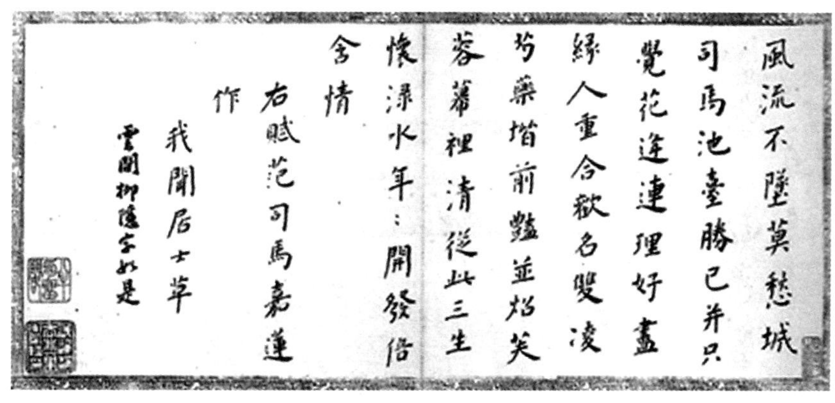
風流不墜莫愁城
司馬池臺勝已并只
覺花逢連理好盡
緣人重合歡名雙凌
芳藥增前豔並炤笑
蓉幕裡清從此三生
懷渌水年：開發倍
含情
右賦花司馬嘉蓮
作
我聞居士草
雲間柳隱字如是

柳如是真迹

世间的事情往往不如人意，陈子龙与柳如是也确实只能叹息一声情深缘浅。两人相识于崇祯五年(1632)初，却于三年后崇祯八年夏初分手。柳如是词《戊寅草·江城子·忆梦》作于崇祯八年春季，此时她虽然和陈子龙同居，却也因为深入了解到陈子龙复杂的家庭关系和经济形势知道断然没有相守的可能，便萌生离去之意。且来看柳如是的这首词：

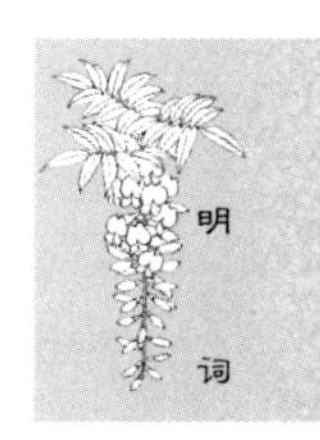

梦中本是伤心路。芙蓉泪，樱桃语。满帘花片，都受人心误。遮莫今宵风雨话，要他来，来得么。　　安排无限销魂事。砑红笺，青绫被。留他无计，去便随他去。算来还有许多时，人近也，愁回处。

在梦中，一路芙蓉樱花桃树含雨似泣，落英缤纷，更惹得人心里悲伤。想要像李商隐那样“却话巴山夜雨时”，可是哪里能够做到。无限伤心只能付与红笺绫被，情知难以留住对方倒不如任他离去，自己每天数着日子，愁情弥漫。这虽然是梦，倒不如说是柳如是对于未来分别的感应，也流露出她的离去之意。《庄子》云“相濡以沫，不如相忘于江湖”，柳如是这个风骨嶒峻的奇女子，在最美好的日子果决地离开了陈子龙，也留下了一生相伴的最美好的回忆。

国学大家陈寅恪在《柳如是别传》第三章中考证陈子龙的《少年游》和《青玉案》两阕词应与柳如是的忆梦之词有关，而《青玉案》尤为凄恻动人：

青楼恼乱杨花起。能几日，东风里。回首三春浑欲悔。落红如梦，芳郊似海，只有情无底。　　华年一掷随流水。留不住，人千里。此际断肠谁可比。离宴催散，小窗惜别，泪眼栏干倚。

此处的青楼并非指妓院，而是指显贵人家以青漆涂饰的豪华精致的楼房。古人将春季三个月：农历正月称孟春，二月称仲春，三月称季春。在暮春时节杨花舞动、落红遍野，词人回想到春天短暂不由得感慨繁华易逝，可是浓浓的感情却不会随着岁月凋零磨去。奈何时光飞逝，人世间也有许多的情非得已，虽然相爱却相隔千里，两处断肠。短暂的欢宴之后就是依依惜别的浓浓不舍和泪眼独倚栏杆的长久思念。这不禁让人联想到《古诗十九首》中的“同心而离居，忧伤以终老”，心相投、意相合的两个人却天各一方，又怎能不让人悲哀叹息呢。

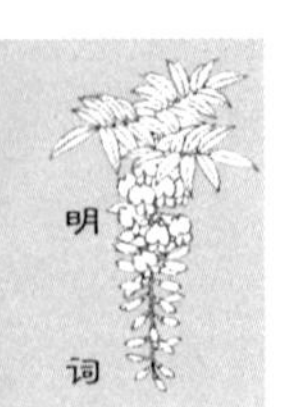

灵巧淑贤，为爱痴情

——冒辟疆与董小宛的爱情

董小宛，名白，字小宛，一字青莲，别号青莲女史，江苏苏州人。“青莲”字号都是因为仰慕唐代号青莲居士的大诗人李白而起。她不仅姿态窈窕，容貌艳绝一时，而且聪明灵秀，心思精巧。在七八岁的时候，母亲就开始教她诗书。稍稍长大了以后，她常常顾影自怜，对于女红、琴曲、诗谱、茶道可谓是无一不精、无一不晓。小宛性情恬淡，每每遇到幽林远涧、片石孤云这一类的清幽景致，便会恋恋不舍，不忍离去。她对于男女交杂而坐、歌舞娱乐这一类的宴饮场合心生厌倦、不屑一顾，对于如水的月色却最是钟情，常常反复回环地念诵李贺的诗句“月漉漉，波烟玉”。她倾心于苏州一带的山光水色，所以在半塘这个地方临河建了一座用竹子做篱笆的小茅草屋。经过她屋前的人时常会听到里面传来吟咏诗歌或是抚筝弄琴的声音，都惊叹不已。

冒辟疆

在明朝天启年间，阉党魏忠贤弄权乱政，惑乱朝纲，冒辟疆联合一批有志之士结社金陵，伸张正义，与方以智、陈贞慧、侯方域合称明复社四公子。冒辟疆名襄，字辟疆，崇祯十二年，乡试落第的他听说了董小宛其人并对她倍感兴趣，便前往半塘访寻。可刚巧董小宛在外游玩没有回来，直到快离开苏州前冒辟疆才见到了她。当时董小宛正卧醉家中，秋波流转，眉目含情，神韵天然。两人初次见面便互相有了爱慕之意。崇祯十五年春，董小宛的母亲去世，自己又受田弘遇抢夺佳丽的惊吓，患了重病，等见到冒辟疆的时候已然奄奄一息。她支起

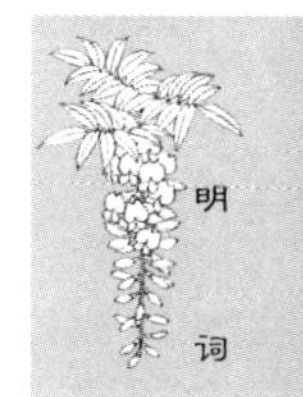

身子，牵着冒辟疆的手说：“我十八天来昏沉沉如在梦中。今天一见到你，便觉神怡气旺。”于是吩咐准备酒菜，与辟疆在床前对饮。冒辟疆本来属意于名妓陈圆圆，并于崇祯十四年订下了嫁娶之约，可是当他第二年经过苏州时已是人去楼空，再加上考场失意，心情极度沮丧。在柳如是和钱谦益的斡旋之下，董小宛顺利赎身并且来到了如皋冒家。次年春，她成了冒辟疆的侍妾。虽然董小宛是烟花女子出身，可是冒家人对她十分喜爱。冒辟疆的妻子体弱多病，所以她便承担起了教养子女、服侍公婆的事情来。

董小宛

董小宛是一个十分讲求生活情趣、心思灵巧的女人，把平平淡淡的生活过得十分雅致。她不喜欢过于肥美甘甜的食物，于是就用一小壶芥茶温淘米饭，再佐以一两碟水菜香豉，就是清淡的一餐。冒辟疆喜欢甜食、海味和腊制熏制的食品，小宛腌渍的花露鲜甜可口，令人仿佛置身于百花丛中。她做的火肉有松柏之味，风鱼有麂鹿之味，醉蛤如桃花，松虾如龙须，油鲳如鲟鱼，烘兔酥鸡如饼饵，一匕一脔，妙不可言。我们现在常吃的虎皮肉，或称走油肉，就是小宛的独家食谱，鲜少有人知道它还有一个名字——董肉，与东坡肉倒是相映成趣。她还善于制作糕点，曾用芝麻、炒面、饴糖、松子、桃仁和麻油作为原料制成酥糖，切成长五分、宽三分、厚一分的方块，这种酥糖外黄内酥，甜而不腻，称为“董糖”。有人把董小宛和伊尹、易牙、太和公、膳祖、梵正、刘娘子、宋五嫂、萧美人、王小余列为我国古代十大名厨，恐也不为过。

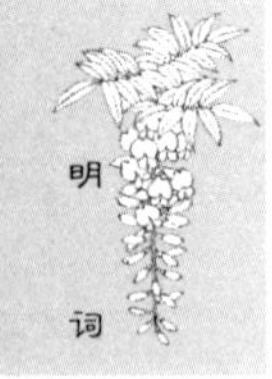

自清军入关南下，冒家的生活陷入困窘，多亏了小宛的精打细算才得以勉强支撑。在这时，冒辟疆却病倒了。疟疾发作寒热交作，再加上下痢腹痛，冒辟疆几乎被折磨得不成人形。董小宛为照顾他，就把一张草席摊在床榻边作为自己的卧床，只要丈夫一有响动，便立刻起身察看。当冒辟疆恶寒发颤时，就紧紧抱着他；发热烦躁时，又为他揭被擦澡；腹痛则为他揉摩纾解；下痢就为他端盆解带，从始至终没有一丝一毫的懈怠。后来冒辟疆又得了背上生疽的病症，疼痛得夜里不能够躺着睡觉，董小宛让他靠在自己的身上睡觉，自己却整整坐着睡了一百天。侍候了丈夫这两场大病，小宛终于油尽灯枯，走完了自己二十七年的短短一生。吴梅村曾作十首绝句哀哭之，其中一首云：

念家山破定风波，郎按新词妾唱歌。
恨杀南朝阮司马，累侬夫婿病愁多。

董小宛与冒辟疆住在如皋时，夫唱妇随，令人羡慕。他们的居所水绘园至今犹存，其中有一庐名曰匿峰，在此庐建成之时，冒辟疆曾作词《沁园春》，云：

罄竭平生，幕天种树，拔地成峰。想结巢古朴，凭虚万顷，移山水绘，涛响孤松。五十年间，两番清浅，一枕蘧庐付晓钟。重来此，与老农老圃，策杖相逢。　衰年人外疏慵，奈山鬼、睇迎无处容。听犬声如豹，狺狺吠日，蟾蜍掷秽，口口当风。介葛难明，情词并绝，唯有逃之不与从。匿峰处，喜天空云淡，五岳心胸。

冒辟疆竭尽平生之力植树种林，树木高耸如同山峰一样。他想要在自然之中建造自己的居所，可是乱世动荡，无处容身。现在终于回到了这里，筑起匿峰庐，胸怀五岳却坐看云起，恬然自适。

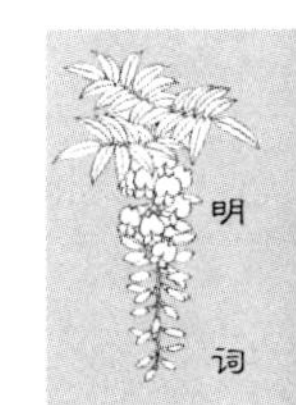

巾帼词人　兰心蕙质

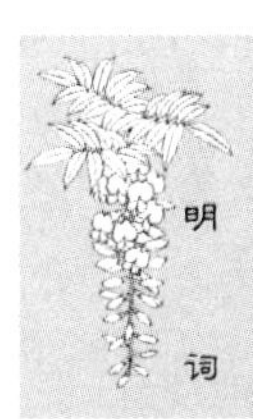

明代虽然没有出现宋代李清照、朱淑真那样有成就的女词人，但女词人数量之多、创作之丰皆是前朝所未有。清人王昶编选《明词综》，共选明代词人384家，其中女词人84家，数量之多，可见一斑。明代女词人主要是中后期登上词坛，多集中在长江下游的江、浙、沪地区，这是因为该地区历来是鱼米富庶之乡，经济发达，文化繁盛。明代女词人的出身大致可以分为两种：一为名门闺秀，一为青楼名妓。名门闺秀多女词人，是因为她们从小接受教育较好，有深厚的文学修养，婚姻门当户对，嫁入名门后，依然有继续从事诗词创作的环境。这一类女词人以吴江叶氏、沈氏最为著名。青楼名妓中之所以擅长写词的人较多，主要是因为接待的往往是文人墨客，对她们来说，诗词书画不仅是附庸风雅，更是必须具备的职业技能。明代的青楼词人在金陵秦淮河畔最多，如王微、杨宛、郑如英等。当然，明末金陵名妓首推秦淮八艳，其中柳如是、马湘兰、寇湄三人有词作留世。

名门闺秀，秀采灵心
——明末吴江女词人

吴江叶氏、沈氏都是书香门第，官宦世家，两家世代通婚。到了叶绍袁这一代，娶的是沈家的沈宜修。沈宜修（1590—1635），字宛君，十六岁嫁给叶绍袁，郎才女貌，珠联璧合，为世人所艳羡。所生三女叶纨纨、叶小纨、叶小鸾都擅长写词。沈宜修经常与三女诗词唱和。小女叶小鸾十七岁临嫁之前去世，长女叶纨纨因妹妹之死过度悲伤亦卒，沈宜修痛苦憔悴，过了三年也不幸离世。后来叶绍袁把他妻子女儿的诗文编集成了《午梦堂集》，其中第一部分是沈宜修的《鹂吹》集，共有词一百九十首。

沈宜修的词含思宛转，清新流丽，如《忆王孙》：

天涯随梦草青青，柳色遥遮长短亭。枝上黄鹂怨落英。远山横，不尽飞云自在行。

这首词小注说是梦中所作，描绘的是春天的景象，天涯弥望，草色青青，长亭短亭，杨柳依依。枝上黄鹂声声，好像在诉说着繁花落尽的哀怨。抬头远望，青山横矗，无边无尽的白云在天上自由自在地飞翔。全篇皆是写景，浅而不俗，语境幽眇。词人想要表达的感情可能是伤春，感慨时间流逝、青春不在，也可能是身处闺中，无法自由自在地去外面世界翱翔。因为名门女词人多深居闺中，接触不到外面广阔的世界，所以词中所写绝大部分都是伤春感怀、离别思念之类。再如《浣溪沙·春情》：

淡薄轻阴拾翠天，细腰柔似柳飞绵，吹箫闲向画屏前。　诗句半缘芳草断，鸟啼多为杏花残，夜寒红露湿秋千。

全词皆写春景春情。上阕第一句写微阴天色，适合去郊外游春。“拾翠”指拾取翠鸟羽毛作首饰，后来多指妇女游春，出自魏国曹植《洛神赋》“或拾翠玉”，杜甫《秋兴八首》也有“佳人拾翠春相问”之句。词中紧接着写杨柳细腰，婀娜多姿，柳絮纷飞，已到暮春时节，词人在画屏前悠闲地吹着玉箫。下阕第一句“诗句半缘芳草断”道出了女词人所写诗词大部分都是因为花落草芜，感春伤怀。词人把自己的感情附着在鸟身上，说那些鸟跟我一样，声声啼叫也是因为杏花残。最后一句写春天的夜晚天气微寒，花瓣上的露水落下来，滴湿了秋千。

沈宜修的大女儿叶纨纨（1610—1632），字昭齐。自幼聪慧，三岁的时候，父亲叶绍袁教她读《长恨歌》，四五遍之后，就能背诵自如，家人都很吃惊，认为她有天赋。叶纨纨三四岁的时候就开始学写诗词。又工书法，尤其是小楷。十七岁成婚。三妹叶小鸾病逝时，叶纨纨也在病中，因伤痛至极告别人世，年仅二十三岁。《午梦堂集》第二部分是她的《愁言》，又名《芳雪轩遗集》，共有词四十八首。

叶纨纨词大多清婉可诵，如《浣溪沙》：

> 几日轻寒懒上楼，垂帘低控小银钩，东风深锁一窗幽。　昼永半消春寂寞，梦残独语思悠悠，近来长自只知愁。

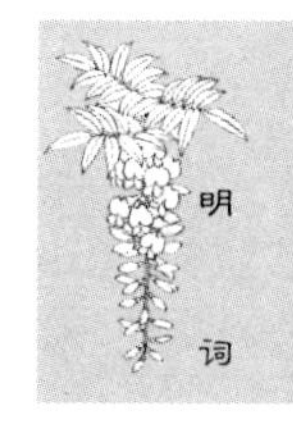

上阕前两句出自北宋词人秦观《浣溪沙》“漠漠轻寒上小楼”“宝帘闲挂小银钩”。但秦观词是上楼，而叶纨纨词是懒上楼。连日天阴，所以词人只能深居闺中，却说“东风深锁一窗幽”，是东风把幽情幽思锁在了窗内，颇为巧妙。下阕前两句写白昼漫长只能在深深的寂寞中度过，半夜梦醒只能在无尽的思念中自语，最近每天的生活和思绪好像都只剩下愁。

叶小纨（1613—1657），字蕙绸，沈宜修的第二个女儿。自幼端庄颖慧，与姐姐纨纨、妹妹小鸾常诗词唱和。小纨与姐妹相比，寿命较长，一直活到明亡入清，亲历国破家残，所以词在伤春感怀之外更多了一些沉痛。如《临江仙·经东园故居》：

> 旧日园林残梦里，空庭闲步徘徊。雨干新绿遍苍苔。落花惊鸟去，飞絮滚愁来。　探得春回春已暮，枝头累累青梅。年光一瞬最堪哀。浮云随逝水，残照上荒台。

上阕前两句写多少次曾梦到旧日园林，现在终于看到，但是一切全变了样子，人去楼空，自己只能独自徘徊。昔日的繁华已成过眼云烟，昔日的姊妹早已不在人世，看到的只有满园的绿苔。落花似在惊叹鸟的离去，而漫天飞舞的柳絮也给我带来无边无际的悲愁。"滚"字很有力量，不是轻愁，而是像潮水一样奔涌而来的愁。下阕写在知道春天来的讯息后要去游赏，可是春天已到了尽头，春花已落，秋实初结。春光逝去的这一瞬间是最令人哀伤的。最后两句的景色，浮云逝水，残照荒台，一片萧索，寄寓了词人无尽的悲痛，沉郁之至。

叶小鸾

叶小鸾（1616—1632），字琼章，又字瑶期，沈宜修的第三个女儿。小时候由舅父沈自征、舅母张倩倩抚养，十岁回到家中。自幼貌美聪慧，工诗擅词，能画精琴。出嫁之前五日时病逝，年仅十七岁。《午梦堂集》第三部分是她的《返生香》，有词九十首。

叶小鸾在姊妹三人中最有才华，她的词历来受到评论者的赞誉。王昶《明词综》选了她八首词，是女词人中最多的，并说她的词"皆似不食人间烟火者"。清人陈廷焯认为叶小鸾词同前代词人相比，仅次于李清照，较深于朱淑真。

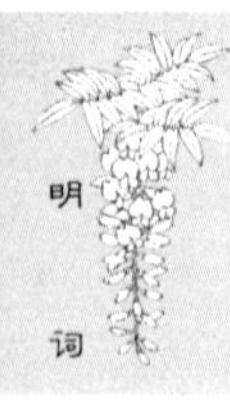

叶小鸾为人娴静，兰心蕙质，所写词意境幽远，格调高洁，风格清空秀逸。如《南柯子·秋夜》：

门掩瑶琴静，窗消画卷闲。半庭香雾绕栏杆，一带淡烟红树隔楼看。
云散青天瘦，风来翠袖寒。嫦娥眉小又檀弯，照得满阶花影只难攀。

《虞美人·残灯》：

深深一点红光小，薄缕微烟袅。锦屏斜背汉宫中，曾照阿娇金屋泪痕浓。　　朦胧穗落轻烟散，顾影浑无伴。怆然午夜漫凝思，恰似去年秋夜雨窗时。

叶小鸾词题材与其母亲、大姐相似，但词里更多显现出来她的灵性。如《南柯子》的“云散青天瘦”，“瘦”字很新颖巧妙，天上乌云密布，就像人很臃肿，是为胖，云散之后，则天就会显得很瘦。同时叶小鸾的词又有一种特殊的凄艳。《虞美人》中写道“顾影浑无伴”，用影子来衬托孤独在男作家身上多次出现，如陆机夜晚睡觉时抱影而眠、陶渊明饮酒时顾影独尽、李白饮酒时邀月与影成三人等，叶小鸾在这里说自己只能回头看自己的影子，无其他人相伴，跟前代诗人亦是一脉相承。午夜梦回，孑然一身，怆然伤悲，黯然凝思，这一切好像回到了去年那个细雨不停打在窗上的深秋。

张倩倩(1594—1627)，沈宜修姑母的女儿，后来嫁给了沈宜修的弟弟沈自征，叶小鸾小时候即是张倩倩抚养长大。张倩倩留下来的词不多，只有三首，但从中能看出来她的功力甚深。叶小鸾的成长也受到了她的影响。如《蝶恋花》：

> 漠漠轻阴笼竹院，细雨无情，泪湿霜花面。试问寸肠何样断？残红碎绿西风片。　　千遍相思才夜半，又听楼前，叫过伤心雁。不恨天涯人去远，三生缘薄吹箫伴。

这是张倩倩寒夜思念丈夫沈自征所写。上阕前三句先写天阴独居竹院，细雨无情，泪湿双颊。后两句写因思念丈夫而肝肠寸断，词人在这里用了个比喻，我的肝肠寸断就像西风肆虐下的花残草断一样。下阕紧接着写因为思念，寝不安眠，心中想了千次万次的丈夫，漫漫长夜刚刚过半，这个时候又听到了楼前大雁凄厉的鸣声。词人说我不恨丈夫离我远去，只恨前生、今生、来生的缘分都很浅，不能像箫史和弄玉那样一生吹箫相伴。弄玉相传是春秋时秦穆公的爱女，喜欢吹箫，后来得以遇到擅长吹箫的箫史，两人成亲，后两人在月下吹箫，引来紫凤和赤龙，萧史乘龙、弄玉跨凤，双双腾空而去。俗语说“十年修得同船渡，百年修得共枕眠”，能够成为夫妻那已经是莫大的缘分。只是因为丈夫远在天涯，不能朝夕相守，张倩倩在词里才表现出了悲伤难过，她希望缘分可以更深一些，希望丈夫可以回来与她耳鬓厮磨，相携至老。

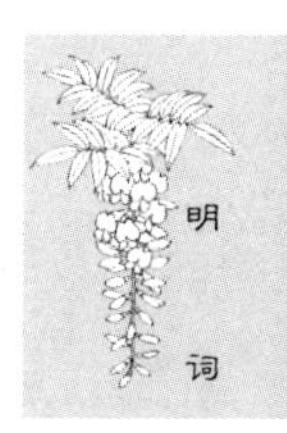

沈宜修、叶纨纨、叶小鸾相继去世后，叶绍袁日益忧伤憔悴。明亡之后，舍弃家园，出家为僧。昔日叶家母女诗词唱和的场景成为过眼云烟，繁华不在。

英雄壮胆，巾帼豪情

——徐渭《四声猿》与顾若璞《沁园春·读〈四声猿〉》

才子祢衡，鹦鹉雄词，锦绣心肠。恨老瞒开宴，视同鼓史，掺挝骂座，声变渔阳。豪杰名高，奸雄胆裂。地府重翻姓字香。玉蝉老，叹失身歌妓，何足联芳。　　木兰代父沙场，更崇嘏名登天子堂。真武堪陷阵，雌英雄将；文堪华国，女状元郎。豹贼成擒，鹴裘新赋，谁识闺中窈窕娘。须眉汉，就石榴裙底，俯伏何妨。

这是明末女词人顾若璞所写的一首《沁园春》，词中所咏为明代大才子徐渭的戏剧《四声猿》。徐渭（1521—1593），字文长，号天池山人、青藤老人等，绍兴府山阴（今浙江绍兴）人，曾经八次参加乡试都没有考中举人。后来在浙闽总督胡宗宪军中当幕僚，在抗击倭寇斗争中屡出奇谋，立下战功。胡宗宪倒台入狱，手下幕僚多受到牵连，徐渭因为担心遭受迫害，一度发狂。他写了一篇文辞愤激的《自为墓志铭》，反复自杀九次而未死。后来在又一次狂病发作中，怀疑续娶的妻子张氏不贞，将其杀死，因此被关入监牢。刑期7年后出狱，愈加放浪形骸。晚年卖画卖字为生，穷困潦倒。徐渭是明代著名画家、书法家、戏曲家，与解缙、杨慎并称“明代三大才子”。明代公安派领袖袁宏道称赞徐渭诗、文、字、画、人无一不奇。

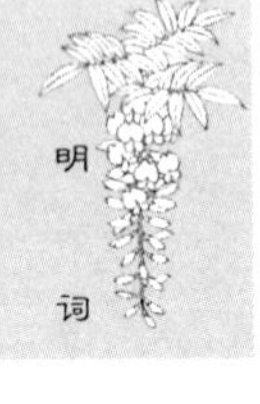

徐　渭

《四声猿》是徐渭最有代表性的剧作，北朝郦道元《水经注》里说“巴东三峡巫峡长，猿鸣三声泪沾裳”，那么鸣四声则更是凄厉断肠。《四声猿》共有四部剧组成，分别是：《狂鼓史渔阳三弄》《玉禅师翠乡一梦》《雌木兰替父从军》《女状元辞凰得凤》。

《狂鼓史渔阳三弄》写祢衡被曹操杀害后来到地狱，阴司判官审判时，让祢衡面对曹操的亡魂再次击鼓痛骂，历数曹操挟逼献帝、残害忠良、窃国谋权等种种罪恶，使他无地自容。最后邪恶的权雄曹操被打入地狱，正直的祢衡升为天使。顾若璞《沁园春》词上阕首先写的就是这出杂剧。前三句“才子祢衡，鹦鹉雄词，锦绣心肠”赞颂了祢衡的才华出众，满腹锦绣。祢衡是汉末名士，才华出众，天下闻名，所写《鹦鹉赋》是赋史名篇。“恨老瞒开宴，视同鼓史，掺挝骂座，声变渔阳”几句，曹操小名阿瞒，这里称老瞒，是对曹操的蔑称。祢衡恃才傲物，刚肠嫉恶，拒绝曹操召见，曹操大怒之下想要杀他，但因祢衡名满天下，杀了怕影响不好，就罚祢衡作敲鼓的官吏，没想到祢衡当众裸身击鼓，大骂曹操。《渔阳掺挝》是古代的鼓曲名，祢衡边击这个鼓曲边骂曹操。“豪杰名高，奸雄胆裂”这两句说击鼓骂曹使得祢衡声名更响，骂得曹操心惊胆裂。“地府重翻姓字香”说徐渭的这出杂剧让击鼓骂曹在地府里重新上演，再次突出了曹操的奸恶，赞美了祢衡的正直。

上阕最后两句“玉蝉老，叹失身歌姬，何足联芳”讲的是《玉禅师翠乡一梦》。临安府尹柳宣教因为玉通和尚见了他拒不参拜，怀恨在心，设计让妓女红莲去施展美人计，诱惑玉通和尚破色戒，最终玉通羞愧自杀。为了报复，玉通投胎转世为柳宣教的女儿，并沦为娼妓败坏柳家门风，最后经前世师兄月明和尚点悟，重新皈依佛门。“玉蝉老”是对玉通和尚的称呼，顾若璞感叹和尚失身歌姬，破了色戒，认为他不足以流芳后世，不能跟祢衡并列。

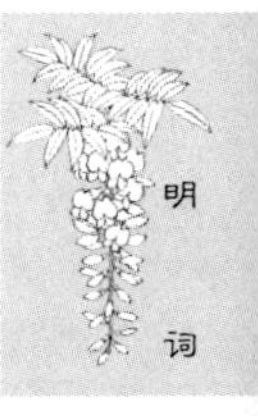

下阕将《雌木兰替父从军》《女状元辞凰得凤》故事合在一起评述。花木兰替父从军的故事从北朝乐府《木兰诗》开始，流传久远，家喻户晓。徐渭的这出杂剧讲述了木兰女扮男装、代父从军、建功立业的故事，并在凯旋返乡后让她回归女儿身，最后嫁给了王郎。女状元黄崇嘏同样是女扮男装，不过她是去参加科举，最后考中状元。周丞相想要考试她的才能，交给她三件悬案，黄崇嘏皆能明敏决断。丞相大喜，要招她做女婿，这个时候黄崇嘏只能透露自己是女儿身，最终弃官嫁为人妻。顾若璞词“木兰代父沙场，更崇嘏名登天子堂。真武堪陷阵，雌英雄将；文堪华国，女状元郎。豹贼成擒，鹴裘新赋”，将两人交替赞颂。花木兰、黄崇嘏女扮男装，一武一文。木兰能驰骋沙场，冲锋陷阵，擒贼杀敌；崇嘏能诗善赋，文采惊人，高中状元。谁也没有想到木兰、崇嘏这样的人竟然是女子。所以顾若璞说巾帼不让须眉，男子汉伏倒在女子的石榴裙下又有何妨。

顾若璞作为女性词人，词作能突破伤春感怀、离别相别的樊篱，既称颂祢衡这样的英雄，更突出描写花木兰、黄崇嘏两位女豪杰，字里行间流露出了巾帼不让须眉的豪情，值得我们注意。

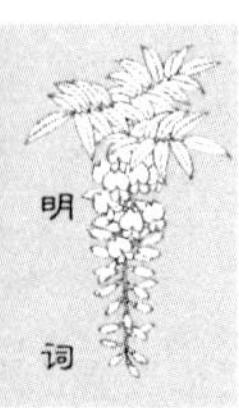

风骨嶒峻，辞挚情浓

——柳如是的《满庭芳》

金陵即今天江苏省的省会南京，在明朝可称得上是一方烟柳繁华地，富贵温柔乡。脉脉流淌的秦淮河水孕育出了一群冰肌凝雪、玉骨含情的女子，她们十指纤纤、眉目带春，在小楼朱户之上诗画怡情，烹茗抚琴，虽为烟花之地的风尘女子，灵性才艺却不输于任何一个高门大户的深闺小姐。这一群女子中，大家最为耳熟能详的大约就是“秦淮八艳”，对于这八艳具体是谁，有着不同的说法，但受到大多数人认同的是柳如是、陈圆圆、顾横波、董小宛、卞玉京、李香君、寇白门、马湘兰八人。这些女子生于明末之时，从小在风月之所长大，学习琴棋书画，风华绝代的她们让五陵年少为之痴迷。即使在烟花之地长大，却也有着自己的傲骨，她们对于爱情充满了向往之意和忠贞气节、在民族动荡之时对于家国兴亡怀着自己的正义之心。这些女子不仅长于曼舞轻歌，也极富才气，柳如是、寇白门、马湘兰三人有词作流传到今天。

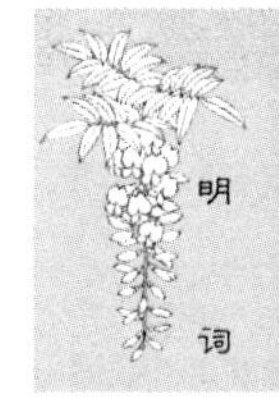

柳如是原名杨爱，后改姓为柳，字如是。她给自己取的字来源于宋朝词人辛弃疾的作品《贺新郎》中：“我见青山多妩媚，料青山见我应如是。”柳如是从小被卖给一个名妓徐佛家为养女，到了十四岁的时候被吴江故相周道登买走做侍婢。后来周道登强行逼她做自己的小妾，其他的姬妾因为争风吃醋加害于她，几乎丢掉性命。离开周家以后柳如是沦为娼家，因为姿色美艳且才气过人，在秦淮河一带颇有盛名。

柳如是曾与南明复社领袖张溥、陈子龙交好，与陈子龙尤为情投意合，二人皆有爱国之心，又长于诗词，相处甚欢。可是后来陈子龙战死，柳如是最后在崇祯十四年嫁给了东林领袖、文名颇著的钱谦益。当时她才二十余岁，可是钱谦益已经年过半百，这让人不禁想起文豪苏东坡曾经调侃好友词人张先的诗句“一树梨花压海棠”。钱谦益以正妻之礼迎娶柳如是后，两人夫唱妇随、游历大江南北,他更是为柳如是在西湖畔修建了壮观华丽的“绛云楼”和“红豆馆”,可谓金屋藏娇。在甲申之变,崇祯帝自缢于煤山,江南旧臣拥立福王朱由崧称帝,这就是南明的弘光皇帝。钱谦益刚做了南明的礼部尚书不久,清军攻破了南都,弘光小朝廷仅仅存在一年就被覆灭,清朝正式成为天下之主。钱谦益既是旧朝遗臣,又是一方名士,自然会面临新政权的关注。柳如是在目睹了清军攻城略地的暴行以及战后人民的种种惨状之后,决定和钱谦益一起投湖自尽、以死殉国。在一个初夏的夜晚,两人驾着一叶小舟来到西湖之中,可是在那个时候钱谦益却萌生了怯意,将手伸出船外搅了搅水,说:“今天的水太凉了,没办法跳下去呀。”柳如是心知钱谦益是推脱之辞,便欲奋身跳入池中,可是被钱谦益强行拦住。钱谦益不仅顺服了清廷,而且还入朝为官,柳如是留在杭州不曾同行。几年后,钱谦益辞官回乡,和柳如是过上了一段幸福美满的生活,还共同育有一女。康熙三年(1664),八十三岁的钱谦益病殁于杭州,为了家产之事四十七岁的柳如是受到钱氏家族的排斥,最后她只能用三尺白绫结束了自己传奇的一生。

柳如是

柳如是不仅精通音律,而且长于书画,画风清丽有致;书法深得赞赏,被誉为“铁腕怀银钩,曾将妙踪收”。除此之外,她还工于诗词,有诸多诗词作品传世,如诗词稿《湖上草》《戊寅草》《尺牍》《我闻室鸳鸯楼词》。清代女作家林天素曾在《柳如是尺牍小引》中赞誉说:“琅琅数千言,艳过六朝,情深班、蔡,人多奇之”。且来看这一首《满庭芳·留别无瑕词史》:

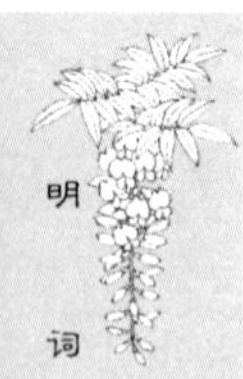

紫燕翻风,青梅带雨,共寻芳草啼痕。明知此会,不得久殷勤。约略别离时候,绿杨外,多少销魂。重提起,泪盈红袖,未说两三分。

纷纷。从去后,瘦憎玉镜,宽损罗裙。念飘零何处,烟水相闻。欲梦故人憔悴,依稀只隔楚山云,无非是,怨花伤柳,一样怕黄昏。

这首词是柳如是写给好友黄媛介的赠别之作,开篇句“紫燕翻风”出自唐朝诗人杜甫的《柳边》“紫燕时翻翼，黄鹂不露身。汉南应老尽，霸上远愁人”，在此处也是寓意暮春伤别之意。杜甫在诗作《梅雨》中有云“南京犀浦道，四月熟黄梅。湛湛长江去，冥冥细雨来”。可是此时梅子尚未熟黄，可见是刚入梅雨季节之时，点明时令。“共寻芳草啼痕”一句化用孟浩然《留别王侍御维》诗：“欲寻芳草去，惜与故人违。”词人知道自己和友人的相会只是暂时的，而且也许在以后很长的时间内都不会再次相见。到了分别的时候，杨柳依依，却是送别的伤心处，只能像柳永《雨霖铃》中那样“执手相看泪眼，竟无语凝噎”，泪水浸透了袖口，满心不舍的话语却是一句也讲不出来。下片“纷纷”二字源于秦观《满庭芳》词中“多少蓬莱旧事，空回首，烟霭纷纷”，与友人分别之后空想前事，只余伤心。自己因为愁情满怀日渐消瘦，却埋怨玉镜显示出自己瘦削的容颜、衣带也一天天地觉得变松了。我们现在各自飘零，在梦里却依稀看见你也是这般憔悴，也是在为花柳这一类景物独自伤心。末句“一样怕黄昏”根据秦观《满庭芳》中的“高城望断，灯火已黄昏”可知，她们二人恐怕是一样遥遥相望，可是不知不觉间又到了黄昏时分，却怎么也望不见对方的身影。

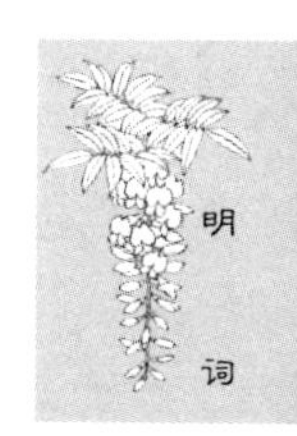

风流女侠，词情婉丽

——寇白门的《齐天乐·夏日》

寇湄，字白门，出生于一个世代娼妓之家。钱谦益有诗云“寇家姊妹总芳菲，十八年来花信违”，寇家姐妹各个姿容姣好，但都不及白门，清人余怀在《板桥杂记》中曾记载“白门娟娟静美，跌宕风流，能度曲，善画兰，粗知拈韵吟诗，然滑易不能竟学”。她生得娴静美丽，眉目之间自有一段风流态度，能够自己作曲，还善于画兰花，对于作诗也有一定的掌握。这个女子就像空谷幽兰一样静静绽放，虽在娼家却无媚色，也正因为这样的品性所以她不解世事圆滑，终于也造成了婚姻的不幸。

崇祯十五年(1642)暮春，声势显赫的保国公朱国弼来到了钞库街寇家，白门对他的印象极好。这一年秋夜，十八岁的寇白门坐上了迎娶的花轿。她的婚礼极其隆重，几乎可谓是空前绝后，一时成为街头巷尾津津乐道的话题。朱国弼派了五千名士兵手执红灯，从武定桥到内桥朱府沿途肃立，当时单纯的寇白门一定认为自己是最幸福的女人。但是好景不长，甲申(1644)年三月，明朝的都城陷落，保国公朱国弼立即投降，不久后一家老小都没入官籍为奴。朱国弼打算将寇白门在内的歌姬婢女一起卖掉，寇白门对他说：“您把妾身卖掉所得不过数百金……如果你放妾身南归，那么一月之内一定用万金来报答您。”朱国弼思量了一会儿同意了她的请求，寇白门带着她唯一的婢女返回金陵。一个月后，寇白门果然筹集了两万两银子赎释了朱国弼，并说：“当年你用银子赎我脱娼籍，今日我也用银子将你赎出，算是报答你了。”江左三大家之一的吴梅村就这件事曾作《赠寇白门》一诗云：

朱公转徙致千金，一舸西施计自深。
今日只因勾践死，难将红粉结同心。

寇白门回到金陵之后，建筑亭台楼阁，广交宾客，每天和文人骚客一起饮酒。喝醉了之后他们或是高歌，或是哭泣，白门也经常叹息自己美人迟暮、身世飘零，时人称之为女侠。等到她年纪大了，还是和那些少年们游玩嬉闹，在这些少年中她最喜欢一个姓韩的小生。在她生病的时候就叫了这个小生来陪她，对着他倾吐心中的悲哀，并想要留他一起睡觉，可是韩生以别的理由推脱拒绝了，寇白门还拉着他的手不忍分别。到了夜里，突然听到韩生在自己侍婢的房间里嬉笑谩骂的声音，于是寇白门直直坐起来把那个婢女叫过来拿起木棒捶打了数十下，骂韩生是一个咬她肉的衣冠禽兽。从此白门大病不起，药石不灵，最终死去。钱谦益《金陵杂题》有云：

寇白门

从残红粉念君恩，女侠谁知寇白门？
黄土盖棺心未死，香丸一缕是芳魂。

寇白门亦有词作存世，如这首《齐天乐·夏日》：

画楼高处蟾嘶柳，几曲危栏同倚。映日水心，迎风雪态，清彻香肌无暑。南窗雨洗。乍云隐轻雷，晚凉如水。扇引合欢，斜侵明月枕初攲。　闲庭起来携手，渐黄昏院落，明河低坠。浴罢妆残，钗偏髻堕，雨点春山余翠。轻绡卸体。怕一搦烟轻，不禁清吹。簟展湘纹，别有一腔秋思。

此词温婉绮丽，小楼画栋旁的翠柳上蝉鸣不已，楼上的佳人扶手抬袖略略弹奏了几曲，便斜倚在雕栏上。她的心就像映着太阳的水面那样明媚和煦，她的姿态就像迎着风的雪片那样轻盈，她的肌肤干净柔软，散发着淡淡的体香，仿佛不会受到酷暑的任何侵袭。突然下起了骤雨，不久之后乌云散开，雷声渐渐

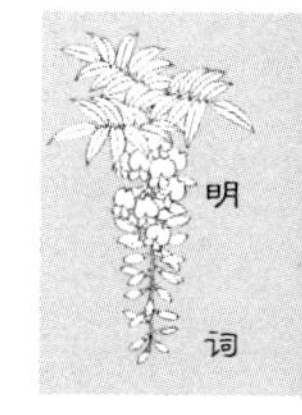

隐去,傍晚的空气如同水一样清凉。佳人拿起合欢扇,合欢扇即团扇,上有对称图案花纹,象征男女欢会之意。此一句出自于汉朝班婕妤的《怨歌行》:“裁为合欢扇,团团似明月。”合欢扇微微摇动,明月斜斜地照进来,直到她的枕边。夏天日长无事,她便坐在小院之中直到黄昏来临、银河挂在天空之中。沐浴后的她妆容凌乱,钗子和发髻稍稍歪斜,沾着几滴晶莹的水珠就如同春雨过后山林里的翠色欲滴。穿上一层薄薄的丝衣,就像一阵青烟般仿佛禁不起风的吹拂。躺在湘竹编的簟席之上,却不由得勾起了几丝秋日的愁情。这倒让人想起了《红楼梦》中黛玉的形象:“两弯似蹙非蹙罥烟眉,一双似泣非泣含情目。态生两靥之愁,娇袭一身之病。泪光点点,娇喘微微。闲静如姣花照水,行动处似弱柳扶风。心较比干多一窍,病如西子胜三分。”都是娇弱静美的美女形象,只是词中的女子比黛玉更多了一份娇媚,少了一段愁情,愈发让人心生爱慕。

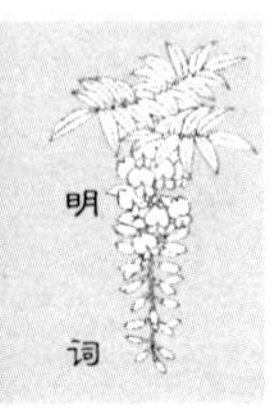

质如幽兰，情意深切

——马湘兰的《菩萨蛮》

马湘兰，本名马守贞，字玄儿，小字月娇，在家排行第四，故又称四娘。湘兰既不是她的名，也不是她的字号，之所以被称为“马湘兰”，是因为她极其擅长画竹子和兰花。为何以“湘”代称竹子？这里面还有一个美丽动人的故事。相传尧有两个灵慧漂亮的女儿娥皇和女英，共同嫁给了舜，三人相处和睦，夫唱妇随。有一年，南方衡山一带有苗部落发动叛乱，舜亲自南征，至苍梧之野而死。娥皇、女英听闻了这个消息悲痛欲绝，决心去湘江一带找寻舜墓。她们一边走一边落泪，路边的竹子上留下了她们的斑斑泪迹。这种带有斑痕的竹子便被称为“斑竹”或是“湘妃竹”。

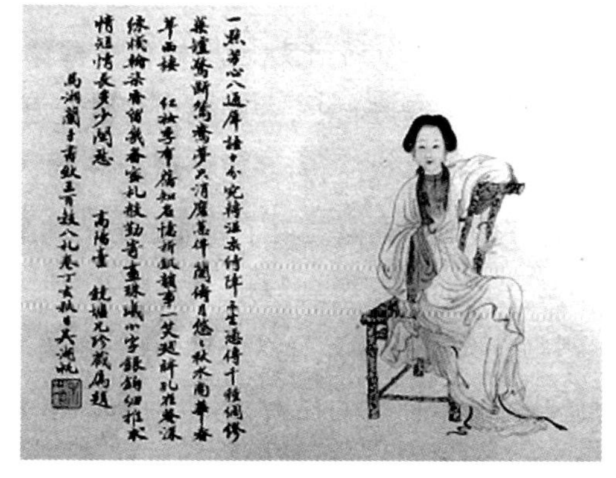

马湘兰

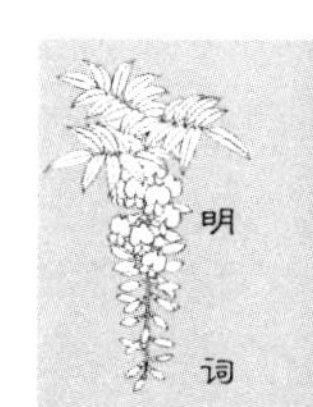

在灯红酒绿的秦淮河畔，马湘兰的姿色实在是算不得出色，姿色平平，很普通。她又凭什么跻身于秦淮八艳之中，在波光冷艳的秦淮河边得到自己一席之地呢？一方面是由于马湘兰秉性灵秀，能诗善画，尤其擅长于画兰花。她画的兰花栩栩如生，不失清幽之气。宋朝有一个叫文与可的人，他在家里的房前屋后种满了竹子，一有时间就去观察竹子生长的形态并牢牢记在心里，所以每次